*I*ch bin gestern Abend um 5 Uhr glücklich hier angekommen, geliebtes Herz. Ich kann und mag dir gar nicht sagen, wie weh mir der Abschied von dir, mein teurer, lieber Wilhelm, getan hat ... Deine Liebe, deine gleich stete Zartheit und Sorgfalt für mich, wie sollte ich sie nicht auf ewig in der Seele tragen? Die letzt-verflossenen 8 bis 9 Monate sind für mich so schön, so harmonisch, so einzig süß vergangen, dass man kaum weiß, was man dem Schicksal noch für eine Gunst aberflehen soll.

Caroline von Humboldt an ihren Mann Wilhelm, 18. April 1817

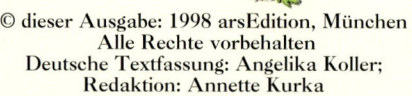

© dieser Ausgabe: 1998 arsEdition, München
Alle Rechte vorbehalten
Deutsche Textfassung: Angelika Koller;
Redaktion: Annette Kurka
Die Originalausgabe PASSIONATE LOVE LETTERS
erschien erstmals 1997 bei Weidenfeld & Nicolson Limited,
The Orion Publishing Group, London.
Konzeption und Textauswahl der Originalausgabe: © Michelle Lovric
Gestaltung: Michelle Lovric,
Lisa Pentreath und
Robert Thompson
Kalligrafie: François Boltana,
Peter Horridge

Produced by Imago

Nach den Regeln der neuen Rechtschreibung.
Die Zitate aus älteren deutschsprachigen Briefen wurden behutsam modernisiert.

Printed and bound in China

ISBN 3-7607-1741-1

BILD GEGENÜBER: KONTEMPLATION – JOHN ROBERT DICKSEE

Leidenschaftliche
Liebesbriefe

Love Letters

EINE ANTHOLOGIE
DER SEHNSUCHT

Mit Faksimiles authentischer
Briefe und Zitaten aus der
Korrespondenz von Liebenden
aller Jahrhunderte

Deine Briefe, die aus dem Unbekann-
ten aufsteigen und in diesem entfernten
Land über mich hinwegstürmen, kommen
zu mir wie ein feiner Duft
aus märchenhaften
Tälern.

Der amerikanische Dichter
James Whitcomb Riley an
Elizabeth Kahle,
11. April 1879

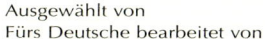

Ausgewählt von
Fürs Deutsche bearbeitet von

MICHELLE LOVRIC
ANGELIKA KOLLER

Inhalt

RASEND

Oder werde ich dir wirklich begegnen?

WIRST DU BLASS, WENN AUS PONTUS EIN NEUER BRIEF EINTRIFFT, ÖFFNEST DU IHN MIT ZITTERNDER HAND?

Ovid an Fabia, seine dritte Frau. Der römische Dichter Publius Ovidius Naso schrieb aus dem Exil am Schwarzen Meer, wohin ihn Kaiser Augustus im Jahre 8 verbannt hatte. Er starb 17 oder 18 n.Chr. Von Ovid stammen die »Heroides« (Liebesbriefe mythischer Frauengestalten).

DU MEIDEST MICH. ICH VERMAG NICHT. DICH ZU STELLEN. DICH ZU FASSEN.

Der amerikanische Autor Jack London am 3. April 1901 an Anna Strunsky. Mit ihr zusammen verfasste er die »Kempton-Wace-Briefe«. In diesem Briefwechsel diskutierten die beiden über die Liebe. Im Verlauf der Arbeit verliebten sie sich ineinander. Man glaubte zunächst, Strunsky wäre verantwortlich für Londons Scheidung, es ist allerdings unwahrscheinlich, dass diese Beziehung mehr war als eine platonische Schwärmerei.

WER BETRITT DAS REICH DER LIEBE? – WILLIAM MARGETSON

Der englische Dichter Rupert Brooke an Noel Olivier, 28. Mai 1909. Sie begegneten sich im Mai 1908, als er 20 und sie gerade 15 Jahre alt war. 1910 verlobten sie sich heimlich, doch widerrief Olivier bald. Ihre Korrespondenz wird geprägt von ihrer Kühle und Brookes Versuch, sie auf Schritt und Tritt zu kontrollieren. Als er sich anderen Mädchen widmete, gerieten sie auseinander. Brooke starb 1915 an einer Blutvergiftung.

S 5

Zu dir, Dziodzio, will ich, ich kann nicht mehr! Dziodzio, ich kann nicht länger!

Bedenke! Kürzestenfalls haben wir noch zwei Wochen …

Bobo, heute bei Adolfs … überfielen mich plötzlich seelische Erschöpfung und Sehnsucht nach dir,

dass nicht viel fehlte, und ich hätte laut aufgeschrien …

Dziodzio, ich will nicht bloß, ich will schon viel schneller!

Die Politikerin Rosa Luxemburg an Leo Jogiches, den sie 1890 im Züricher Exil kennen gelernt hatte, 5. April 1894. Beide waren in Polen geboren und verfolgten dieselben politischen Ziele. Luxemburg träumte vom Ehe- und Familienglück, nannte Jogiches häufig »Bobo« und »Dziodzio«, es kam aber nie zu einer Heirat. Einen Monat nachdem man sie im Jahr 1919 erschossen hatte, wurde auch er ermordet.

bis zum *Kopf* hinauflaufen.

Der polnische Komponist Frédéric Chopin an Delphine Potocka, etwa 1835. Die Romanze dauerte vier Jahre. Danach siedelte Chopin nach Paris über, wo ihn George Sand eroberte. Die Authentizität dieses Briefes wurde gelegentlich angezweifelt.

Ich werde mich immer an die Zartheit deines Benehmens erinnern und an die wilde Originalität deines Ausdrucks.

Claire Clairmont an den bri-
tischen Dichter George
Gordon Lord Byron, 1815. Er
war der Vater ihrer Tochter
Allegra, trennte sich aber
bald von Clairmont, die als
Stiefschwester von Mary
Godwins mit ihr und Percy
Bysshe Shelley in England
und Italien lebte. Sie genoss
auch eine Romanze mit
Shelley. Allegra, die in einem
Kloster erzogen wurde, starb
bereits im Kindesalter.

S 6

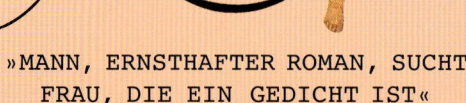

»MANN, ERNSTHAFTER ROMAN, SUCHT
FRAU, DIE EIN GEDICHT IST«
(Anzeige in New York Review of Books)

Lieber ernsthafter Roman,

ich bin ein kurzes, selbstbewusstes Lied mit makellosem rhythmischem Fluss, einigen gewandten und originellen Metaphern und einer Melodie, die ganz mein Eigen ist. Manche Leute behaupten, ich sei schön.

Meine Lebensdaten sind: 18 Verse, eingeteilt in dreizeilige Strophen, mit durchschnittlich vier Wörtern pro Vers.

Mein erster Mann war ein Groschenroman, der zweite Wisden's Kricket-Almanach. Die meisten Männer, die ich jetzt treffe, sind Autobiografien, seltener sind es Bücher über Fotografie oder Eisenbahnen.

Ich habe immer gehofft, mit einem gehobenen Werk der Erzählprosa Bekanntschaft zu schließen. Bitte, schreiben Sie mir mehr über sich.

Mit herzlichen Grüßen,
Song des ersten
Schneeglöckchens

ACH, EFFIE —
DU HAST SO EINE SCHLIMME, VERRUCHTE ART, OHNE ES ZU WISSEN — SO SÜSSE SILBRIGE UNTERTÖNE IN DER UN-SCHULDSSTIMME — UND WER SIE HÖRT, IST VERLOREN. — SO LEICHTE, KURZE, TREFFSICHE-RE PFEILESBLICKE, DIE UNTER DEN AUGENLIDERN HERVORKOMMEN — SO SANF-TEN WECHSEL VON SONNE UND SCHATTEN UM DIE SCHÖ-NEN LIPPEN — SO EINE WAHN-SINNIGE ART, DIE UNSCHUL-DIGSTEN DINGE ZU TUN. — GOTT STEH MIR BEI — WENN DU FRAGST: »NEHMEN SIE ZUCKER ZU IHREN PFIR-SICHEN?« — BESINNST DU DICH NICHT, WIE ICH DANACH »VORÜBERGEHEND UNZU-RECHNUNGSFÄHIG« WAR — NUR, WEIL DU SO ETWAS FRAGTEST …

Der englische Dichter, Künstler und Philosoph John Ruskin an seine spätere Frau Effie Gray, 15. Dezember 1847. Seine atemlose, ängstliche Werbung endete kata-strophal, da Ruskin nicht fähig war, die Ehe zu vollziehen. Gray verließ ihn nach sechs Jahren und heiratete den Maler John Millais.

Sie haben das Volk zusammengeschossen, es war ein schreckliches Feuer, und es fehlte nicht viel, dass mein Herz, das eine Republik ist, eine Monarchie wurde … Morgen oder übermorgen werde ich all meine altdeutsche Kaltblütigkeit wiedergewonnen haben, und ich werde Sie mit einer ziemlich gescheiten Analyse Ihrer Frisur unterhalten können … Ich habe niemals etwas so Fabelhaftes, Poetisches, Feenhaftes gesehen wie dieses schwarze Haar, das sich in wilden Wellen von der durch-sichtigen Blässe Ihres Gesichts abhob … Um Ihr Herz, das zweifellos sehr schön ist, sorge ich mich sehr wenig. Alle Frauen haben Herzen, und es gibt welche, die außerordentlich schöne haben. Zum Beispiel meine Großmutter. Aber keine hat Ihr Gesicht.

Heinrich Heine an Principessa Christine Belgiojoso, 18. April 1834. Der deutsche Dichter und die italienische Politikerin lebten in Paris im Exil. Im selben Jahr lernte Heine Crescence Eugenie Mirat kennen, die er 1841 heiratete.

BEZAUBERN

ICH ANDERS GEBOGEN HABEN, ALS ES IST.

Franz Kafka an Felice Bauer, 22. Dezember 1912

VERGISS MICH NIE

und sei wohl überzeugt, dass unter allen Menschen, die dich hätten lieben können, ich am eifersüchtigsten darauf bin, dir Beweise davon zu geben ... Ich werde alles, was von mir abhängt, tun, um die Zeit bis zu unserer Heirat abzukürzen, die mir eine Ewigkeit erscheint. Dieser Zeitpunkt wird das Glück meines ganzen Lebens ausmachen.

Der österreichische Staatsmann Klemens Fürst Metternich an Eleonore von Kaunitz, Juli 1795. Sie heirateten am 27. September 1795, einem Sonntag, weil man glaubte, das bringe Glück. Nach seiner Trauung führte Metternich sechs Paare aus dem Volk zum Altar, die er fürstlich ausstattete.

Lieber Song des ersten Schneeglöckchens,

danke für Ihren Brief. Sie hören sich ganz so an, wie die Art Gedicht, die ich suche. Ich habe von jeher solch kurze, lyrische Frauen bevorzugt, die Seite für Seite umblättern.

Ich bin ein wichtiger 150000-Worte-Band über Träume und Dilemmas der Menschheit im 20. Jahrhundert. Es dauerte sechs Jahre, bis ich diesen Umfang erreichte, aber keine der 27 Verlegerinnen, an die ich mich bisher wandte, verstand mich. Ich beinhalte etwas Sex und Gewalt und einen sehr gelungenen Scherz in Kapitel IX, doch all das hat mir bisher nichts genützt. Nur der Glaube, dass ich meiner Zeit voraus bin, hält mich aufrecht.

Treffen wir uns doch möglichst bald. Ich sehne mich danach, dass Sie mich von Anfang bis Ende lesen und jedes meiner Worte kennen lernen.

In Ungeduld der Ihre, Tod des Zeitgeists

Wendy Cope (geboren 1945), englischer Dichter

Der französische Dichter Victor Hugo an seine Kollegin Louise Colet, Herbst 1855. Die Beziehung war sehr wahrscheinlich platonisch und beruhte auf ihren gemeinsamen literarischen Interessen. Hugo hatte zunächst nur von Colets Ruhm und Schönheit gehört. Während seines Exils auf Jersey hielt sie ihn auf dem Laufenden über das politische und kulturelle Geschehen in Paris. Sie ging sogar das Risiko ein, seine Streitschriften in Frankreich zu verbreiten.

Die amerikanische Tänzerin Isadora Duncan an Gordon Craigh, 16. Januar 1907. Der englische Schauspieler und Bühnenbildner war ein Sohn der berühmten Schauspielerin Ellen Terry, die einige glühende Briefe von George Bernard Shaw erhielt. Duncan und Craigh lebten etliche Jahre lang zusammen und hatten ein gemeinsames Kind.

Du bist der Wein & die Poesie des Lebens.

Denn obgleich ich mich für ewig eins mit dir fühle und dich genauer kenne wie mich selbst, *kenne ich dich doch nicht.* Aus deinen Haaren, der Duft ist Rätsel, *die Wärme deiner Lippen ist Rätsel*, und selbst der tiefe Sammet deiner Augen ist Rätsel ... Demjenigen, was am rätselhaftesten ist, bringt der Mensch die größte Liebe entgegen.

August Macke an Elisabeth Gerhardt, 27. Juli 1905

Windstärke:

Leidenschaftlich

WER SAGT, DIE LIEBE SEI TRAURIG UND FURCHTBAR, DER IRRT! SIE IST AUF DEM GROSSEN MEER EIN GROSSES SEGEL, UM ALLE WINDE DER GUTEN GELEGENHEIT ZU BENUTZEN.

An Arnim, Anfang Juli 1809

*W*ie ist es denn mit der Italienerin? Du sagst, nur einen Abend könne es dich durchbeben ... Ich werde auch meinen Schutzengel noch zu deiner Wache bestellen; denn wenn du behütet bist, so bin ich geborgen.

An Arnim, November 1809

*D*a ward mir, als fänd ich, wo der Wind die Blätter abgeweht, nachlesend noch eine recht süße Traube: So fasste ich dich, und damit gute Nacht ... Ich küsse dich nicht, weil meine Nasenspitze von der Nachtluft kalt, das erschreckt.

An Bettine, 25. November 1809

GRADE WIE EIN WIND SICH ERHEBT ... UND ALLE DIE BLÄTTER BEWEGT, DIE VORHER IN FRIEDLICHER MITTAGSSONNE RUHTEN, SO KAM MIR DIE STIMMUNG, EIN GEFÜHL, MAN WEISS NICHT WIE, DER LIEBE, DES WOHLSEINS, WAS ÜBER DIE GRENZEN DES LEBENS SCHREITET MIT EINEM LEISEN, ABER MÄCHTIGEN RIESENSCHRITT. JA, DIE LIEB IST IM ANDERN LAND, UND MAN IST IM HIMMEL, WENN MAN LIEBT ... ABER DU! WENN MAN EINE KALTE NASE HAT, SO HAUCHT MAN IN BEIDE HÄNDE UND WÄRMT SIE UND DANN KÜSST MAN DIE BETTINE ...

An Arnim, 8. Dezember 1809

S 8

Aus dem Briefwechsel der deutschen Dichter Bettine Brentano und Achim von Arnim. Sie heirateten an Weihnachten 1811. Brentano brach mit den Konventionen, die Frauen ihrer Zeit beschränkten, lebte u. a. allein in Weimar und München, wo sie mit den Größen der Zeit verkehrte. Achim von Arnims Namen interpretierten die Damen als »Ach, im Arm ihm«.

IN DEINEN

ENGELSAUGEN

HAB ICH

UNBEKANNTE

FREUDEN

GEFUNDEN.

Charles Baudelaire vermutlich an die Schauspielerin Marie Daubrun, die für kurze Zeit seine Geliebte war, Anfang 1852.

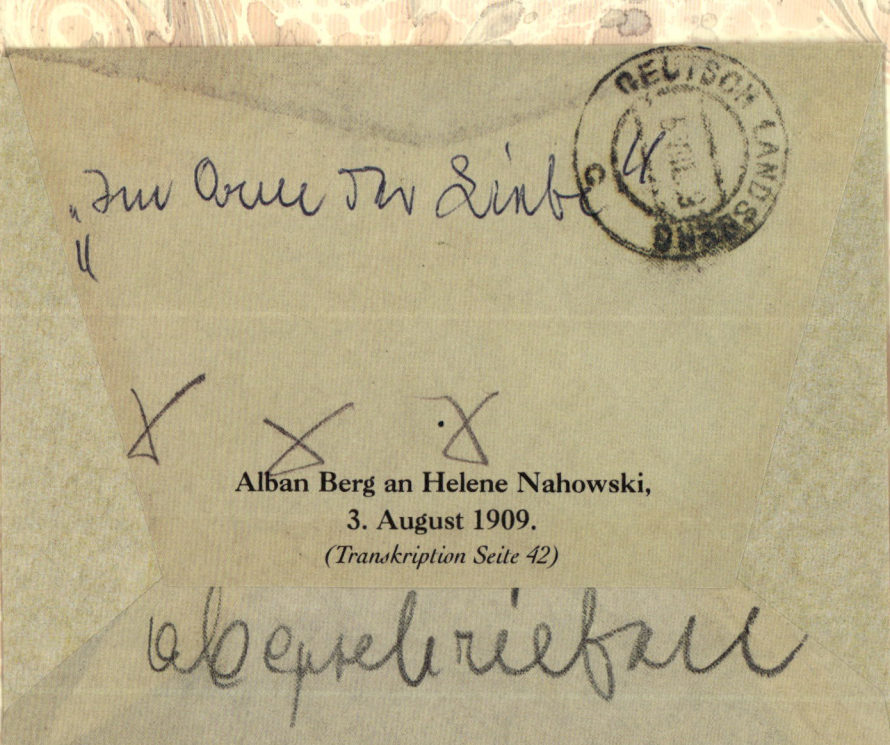

Alban Berg an Helene Nahowski,
3. August 1909.
(Transkription Seite 42)

Ich habe die **Fülle** der ***Freude***

Ellen Louisa Tucker an Ralph Waldo Emerson, einen der größten Dichter Amerikas, 1. Mai 1829. Sie begegneten sich 1827, als er ein junger Geistlicher war, verlobten sich im Jahr darauf und heirateten im September 1829. Auch Tucker dichtete, starb aber schon 1831.

DU KRIEGER, DU JÄGER, DU MUSIKUS. SO VIEL GEHT MICH AN, LOUIS — UND DANN ERST
KOMMT DIE LIEBE. — NEIN, LOUIS, ERST DIE LIEBE UND DANN DAS ÜBRIGE ... WARUM DIE-
SES EWIGE ENTSAGEN IN DIESEM LEBEN, IN DIESEM KURZEN LEBEN, WARUM BIN ICH NICHT
MIT DIR! — AUS LAUTER GRÜNDEN, DIE ALLE TAUSENDMAL SCHWÄCHER SIND ALS MEINE
LIEBE ZU DIR ... LOUIS, EINE, EINE STUNDE NUR KÜSSEN.

Pauline Wiesel an Prinz Louis Ferdinand von Preußen, 1805. Die Zeitgenossen sahen ihre Liebe als mythisches Drama: Der kleine Beamte Wiesel, hässlich wie Hephäst, verkuppelte seine Frau Pauline, die »Venus von der Spree«, an spendable Galane, bis Louis, Kriegsgott Ares und zugleich Apoll, sie ganz an sich zog. Louis starb 1806 vor der Schlacht bei Jena, als Kommandant der preußischen Vorhut. Wiesel verbrachte den Rest ihres Lebens auf Reisen.

STUDIE ZU DEN BEIDEN HAUPTFIGUREN VON »DERBY-TAG«, 1860 — WILLIAM POWELL FRITH

ICH UMARME DICH.

Ich küsse dich. Ich bin unbezähm-
bar. Wärst du hier, würde ich
dich beißen ... Ich fühle in mir
... die Instinkte einer Liebe,
die imstande ist, Fleisch in
Stücke zu reißen. Ist das
Liebe? Oder das
Gegenteil?

*Gustave Flaubert an
Louise Colet, 9. August
1846. Mit Colet, die
Musset einmal eine
»Venus aus heißem
Marmor« nannte, hatte
Flaubert 1840 und 1850
heftigste Affairen. Leider
verbrannte Flaubert
Colets Briefe.*

UND DANN DACHTE ICH AN NOTRE BON LIT ET DE NOUS DEUX TOUT SEULE

ES WAR ETWAS
UNENDLICH GUTES.
ES WAR DIE
ZÄRTLICHKEIT
UND FEINHEIT
SELBER. DAS
WARST DU,
MEIN
SÜSSESTES
LEBEN.

*William Pitt an Lady Hester
Grenville, 21. Oktober 1754*

S 9

Den lebhaften Ein-
drücken zum Trotz, den unsere
allergöttlichsten Begegnungen hin-
terlassen, erinnerst du dich an einen
schöneren und sinnlicheren Tag?

*Der französische Republikaner Léon
Gambetta an Léonie Léon, 23. Mai 1879.
Seine Briefe beginnen 1872 und umwerben
sie über ein Jahrzehnt. Sie lehnte eine
Heirat zunächst ab, um sein öffentliches
Wirken nicht zu ruinieren, gab ihr Jawort
später aber doch. Gambetta kam bei einem
rätselhaften Pistolenunfall ums Leben –
einen Tag vor der Hochzeit.*

*Die in Neuseeland geborene Dichterin
Katherine Mansfield an den Londoner
Kritiker John Middleton Murry, 27. Dezember
1915. Sie lebte wegen ihrer Lungenkrankheit
im milden Südfrankreich. Woran sie dachte,
als sie die französischen Worte schrieb, war:
»An unser gutes Bett und uns beide allein,
allein in der Nacht.« Mansfield ging später
nach Paris, um sich dort heilen zu lassen, erlag
aber 1923 ihrem Leiden.*

Liebe nur immer mehr,
immer, immerzu, hab nicht
Angst, dass dein Gefühl dich
überfluten wird, der Mensch kann
nicht genug lieben, nur wo die Un-
endlichkeit dir im Herzen aufgeht,
da bist du erst, was du sein sollst.

*Emma Siegmund an den deutschen
Dichter und Politiker Georg Herwegh, 20.
Januar 1843. Im selben Jahr heirateten sie
und Emma folgte ihm 1848 ins Exil nach
Zürich und später nach Paris, wo sie 1904
starb. Sie war eine der besten Schüle-
rinnen der Berliner Malakademie und verfasste historische Werke, u. a. über Gari-
baldi.*

Tonart: Sehnsuchtsvoll

S 10

... eben dieser Moment,

während ich schreibe & du höchstwahrscheinlich an mich denkst und das Pferd, das dich trägt, ganz aus dem Bewusstsein verlierst wegen der Zärtlichkeit & Stärke deiner Vorstellungen und Wünsche & Erinnerungen. Oh, meine Geliebte – aber ich wage nicht, mich diesem gefühllosen und verräterischen Stück Papier anzuvertrauen. Erzähl dir selbst von mir, verfolge die Spur dessen, was in mir vorgeht, in deinem Herzen, in deinen Schritten, die das Gras durchqueren, in deinen Gliedern, wie sie auf der gnädigen Erde ausgestreckt liegen, in deinen eigenen unwillkürlichen Seufzern & Gesten, im Zittern deiner Hände, im Wanken deiner Knie, in den Segnungen, die dir über die Lippen kommen, finde sie in deinen Lippen & solchen Küssen, wie ich sie oft in die leere Luft hauche, und in dem Schmerz in deiner Brust, und lass dir von mir von einer Stimme in allen Dingen erzählen, die in dir & außerhalb deiner ist.

William Wordsworth an seine Frau Mary,
3. Juni 1812

BEDENKE,

DASS ICH STERBEN UND UNTER DIE ERDE MUSS, AUFHÖREN MIT FÜHLEN UND FREUEN & WISSEN; UND BEDENKE, DASS JEDER AUGENBLICK, IN DEM ICH DEINER BERAUBT BIN, JEDE NACHT & ALLE NÄCHTE, DIE ICH VON DIR ENTFERNT BIN, IN DENEN DU MICH ENTFERNST, MIR ÄNGSTE EINFLÖSSEN, DEREN AUSERLESENHEIT NUR ZU MESSEN SIND AN DEM WISSEN, DASS DIESE AUGENBLICKE UND NÄCHTE VERLOREN SIND, VERLOREN, VERLOREN FÜR IMMER.

Jack London an Charmian Kitteridge, die seine
zweite Frau wurde, 24. September 1903

Weißt du denn, was es heißt, fünf Monate auf einen Kuss zu warten? Weißt du, was ein armes Herz leidet, das fünf Monate lang fühlt, Tag um Tag, Stunde um Stunde, wie das Leben schwindet, wie Grabeskälte sich in der Einsamkeit ausdehnt, wie Tod und Vergessen Flocke um Flocke niederfallen wie Schnee? Weißt du, was es für ein Herz, das fast aufhörte zu schlagen, bedeutet ... wieder einen Tropfen Tau, den der Himmel schenkt, zu trinken?
Der französische Schriftsteller Alfred de Musset an seine Kollegin George Sand (Aurore Dudevant), 1. September 1834

Ein Verlangen habe ich nach dir, dass es mir **auf der Brust** liegt wie Tränen, die man nicht herausweinen kann.
Franz Kafka an Felice Bauer, 29. Oktober 1913

Heinrich VIII. an Anne Boleyn,
vermutlich Juli 1528.
(Transkription Seite 43)

Myne awne swethart thes shall be to advertes yow off the grette
elenggenes that I fynde her syns your departyng for I ensure yow
me thynkyth the tyme lenger syns your departyng now last
then I was wonte to do a hole fortnyght I thynke your kyndnes and
my ferventes off love causyth it for other wyse I wolde not have
thowght it possyble that for so lyttyll a wyle it shulde have greuyd me
but now that I am commyng towarde yow me thynkyth my paynys
bene halfe relessyd and allso I am ryght well coforthyd in so muche
that my boke makyth substancially for my matter in lokyng wher
of I have spente above iiii owrs thys day whyche causyd me
now to wrytte the shortter letter to yow at thys tyme by
cause off summe payne in my hed wyschyng myselfe (specyally
a nevenyng) in my swethartt armys whose pretty duckys
I truste shortly to cusse wryttyn wt the hand off hym that
was. is. and shalbe yours by hys wyll   HR AB

Der deutsche Dichter Friedrich Schiller an Charlotte von Lengefeld, 11. April 1788.

FASST
DICH
WOHL EINMAL SO
HEFTIGE
SEHNSUCHT
WIE MICH, DASS
DU DIE ARME
NACH DEM
WIND
AUSSTRECKEN
MÖCHTEST?

Sophie Bernhardi-Tieck an August Wilhelm Schlegel, 25. August 1801

ROMEO UND JULIA – HENRI PIERRE PICOU

ALLES GRÄMT SICH WEGEN DIR: DIE ZIMMER WEINEN.

Der schwedische Dramatiker August Strindberg an Harriet Bosse, die er am 1. Mai 1901 in dritter Ehe geheiratet hatte, 7. oder 8. September 1901. Bosse, eine der bekanntesten Schauspielerinnen Skandinaviens, spielte oft Strindberg-Figuren. Bei ihrer ersten Begegnung bat Strindberg sie um eine Feder von ihrem Hut als Schreibutensil. Bosse wär wesentlich jünger. Sie trennten sich ein Jahr nach der Geburt ihrer Tochter. In späteren Briefen bittet er sie immer wieder, zu ihm zurückzukehren.

S 11

Aber ich werde nicht allein sein. Ich lade deine **Seele** ein, sich zu mir zu gesellen.

Der amerikanische Dichter Nathaniel Hawthorne an seine spätere Frau Sophia Peabody, 17. April 1839. Nach dem Austausch zahlreicher Briefe heirateten sie am 9. Juli 1842 und blieben trotz vieler finanzieller und gesundheitlicher Probleme ein glückliches Paar.

Ich bin nur noch ein Etwas, das Virginia will. Ich habe in den schlaflosen Alptraum-Stunden der Nacht einen wunderschönen Brief an dich verfasst, und er ist vollständig verschwunden: Ich vermisse dich auf ganz einfache, verzweifelte, menschliche Weise … Es ist kaum zu glauben, wie unentbehrlich du für mich geworden bist.

Die englische Aristokratin und Schriftstellerin Vita Sackville-West aus Mailand an ihre Kollegin Virginia Woolf, 21. Januar 1926. Sackville-West befand sich auf einer längeren Reise.

Jeden Morgen, wenn ich erwache, sehe ich mich nach dir um, mir scheint, als wäre eine Hälfte von mir verschwunden … Wenn ich zu Bett gehe, versäume ich nicht, dir Platz einzuräumen; ich lege mich ganz nah an die Wand und lasse dir viel leeren Platz in meinem schmalen Bett. Diese Bewegung ist ganz mechanisch, diese Gedanken ganz unwillkürlich.

Der französische Revolutionsheld Honoré Gabriel Riqueti Comte de Mirabeau an Sophia Ruffey, die Gattin des Marquis de Monnier, etwa 1780. Während er im Gefängnis saß und einen Sophia gewidmeten Roman schrieb, brachte sie sein Kind zur Welt, das bald starb. Sie sahen einander nie wieder.

KONFESSION: VERLIEBT

Liebe, als eine Religion, hat ihren eigenen Stil.
Die Worte ihrer Jünger sind befremdlich, obskur,
widersprüchlich und
unverständlich für alle,
außer die Eingeweihten.

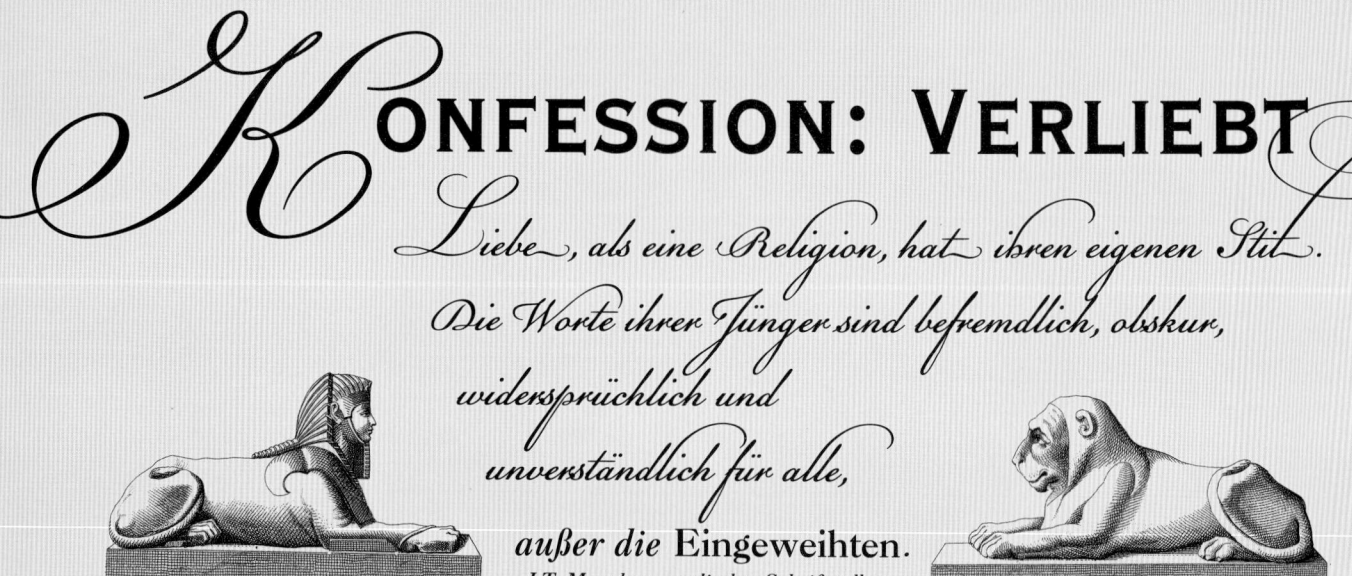

J.T. Merydrew, englischer Schriftsteller

ICH LIEBE DICH WIE DIE LÖWIN IHREN GEFÄHRTEN LIEBT. ICH LIEBE DICH WIE EINE LEIDEN-
SCHAFTLICHE FRAU, DIE BEREIT IST, BEI DER GERINGSTEN GESTE IHR LEBEN AUFS SPIEL
ZU SETZEN. ICH LIEBE DICH MIT DER SEELE UND DEM VERSTAND, DIE GOTT SEINEN
GESCHÖPFEN VERLIEHEN HAT, UM AUSSERGEWÖHNLICHE MENSCHEN WIE DICH BEWUNDERN
ZU LASSEN. DARUM, MEIN HERRLICHER VICTOR, KANN ICH IM SELBEN MOMENT RASEN,
WEINEN, KRIECHEN UND AUFRECHT STEHEN. ICH BEUGE MEIN HAUPT UND BETE DICH AN!

S 12

Die französische Schauspielerin Juliette Drouet an den Dichter Victor Hugo, 17. Februar 1836. Drouet beendete ihre
Bühnenlaufbahn, um sich ganz »Toto« zu widmen, und rettete während der Unruhen von 1851 sein Leben. Ihre Liebe bewährte sich
über 50 Jahre hinweg. Sie folgte ihm nach Jersey ins Exil, wo sie das Haus neben Hugo und seiner Familie bezog. Jeden Morgen
schickte sie ihm zwei weiche gekochte Eier und einen Liebesbrief. Viele ihrer Briefe sind erhalten. Sie zählen zu den schönsten der
französischen Sprache.

ICH KÜSSE

SANFT DEINE

KLEINEN,

SCHÖNEN

FÜSSE.

Die französische
Schauspielerin Sarah
Bernhardt 1883 an den
Dichter und Abenteurer
Jean Richepin. Sie konnte
ihre Treueschwüre nicht
halten und er konnte ihr die-
sen Fehler nicht verzeihen.

Rainer Maria Rilke an Lou Andreas-Salomé,
17. Juli 1897.
(Transkription Seite 44)

WELCH

ANDRES

LEBEN

ISTS,

NUR IN DEM

GELIEBTEN

DAS DASEIN ZU

FINDEN ...

Caroline von Dacheröden
an Wilhelm von Humboldt,
8. Dezember 1790

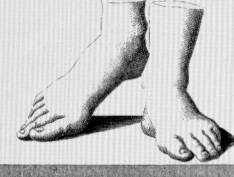

Wenn die Frauenzimmer immer wüssten, was sie könnten, wenn sie wollten!

An die Leipzigerin Friederike Oeser, 13. Februar 1769

... und deine Silhouette ist noch in meiner Stube angesteckt ... Dass ich ein Tor bin, daran zweifelst du nicht ... Denn wenn du nicht fühlst, dass ich dich liebe, warum lieb ich dich? – !

An Charlotte Buff in Wetzlar, März 1774
Aus Liebesbriefen des Dichters Johann Wolfgang von Goethe (1749-1832)

Welches Herz, welcher Gott hätten dir widerstehen können, wenn sie dir begegnet wären?

Der Philosoph Jean-Jacques Rousseau an Gräfin Sophie d'Houdetot, Juni 1757. Sie war die Geliebte seines Gönners Marquis de Saint-Lambert, was zur Folge hatte, dass sie ihre dreimonatige Affaire in Schuldgefühle stürzte. Rousseau hatte später fünf Kinder mit einem Mädchen aus dem Volk, Thérèse Levasseur, aber d'Houdetot blieb seine große Liebe.

ABEND AM MEERESSTRAND – LUIS PICARD

Wäre ich Hudhud, ich liefe dir nicht über den Weg, sondern schnurstracks auf dich zu.
Goethe an die Frankfurterin Marianne von Willemer, 26. Juli 1819.
»Hudhud« ist eine Märchenfigur.

Du bist mehr

als ein Bild, von dem ich träume und dem ich huldige – Du bist mein *Aberglaube.*

Der französische Dichter Charles Baudelaire an Apollonie Sabatier, eine brillante Pariser Kurtisane, 18. August 1857. Er schrieb ihr zwei Jahre lang anonyme Briefe mit Liebesgedichten. Als er angeklagt wurde, weil seine Gedichtsammlung »Die Blumen des Bösen« angeblich unsittliche Stellen enthielt, bat er sie um Hilfe. Das Gericht verurteilte ihn dazu, 300 Francs zu zahlen und sechs Gedichte zu entfernen. Die Beziehung dauerte vermutlich als Freundschaft fort.

Du liebst mich, und sollte die Heftigkeit des sich in dir bewegenden Wehes dich auch einmal mit Hass täuschen und mich damit zerreißen, du liebst mich doch, denn ich bin es wert, und dieses ganze Universum ist ein Tand, oder wir haben uns innerlich für ewig erkannt. ...
Ich muss doch auch probieren, ob ich nicht aus (Tod : Schmerz) x (Wonne : Liebe) Leben und Frieden herausbringen kann. Woher mir die Ursätze kommen, darum wirst du mich wohl nicht so scharf befragen.

Oktober 1800

Caroline Schlegel an den Philosophen Friedrich Wilhelm Joseph Schelling, Professor in Jena. Als Frau August Wilhelm Schlegels war Caroline Mittelpunkt der Romantik. Später verließ sie Schlegel. 1803 heiratete sie den wesentlich jüngeren Schelling.

Emotionaler Quotient: Berauscht

Ich bin nämlich durch das Ereignis, einen »neuen Menschen« hinzuerworben zu haben, förmlich über den Haufen geworfen worden ... Nun, das erzähle ich Ihnen zum Lachen. Es geht bei mir immer sehr menschlich – allzu menschlich zu und meine Torheit wächst mit meiner Weisheit.

Der deutsche Philosoph Friedrich Nietzsche an Lou Salomé, Ende Juni 1882. Er hatte die junge Russin, die sich später als Schriftstellerin und Psychoanalytikerin einen Namen machte, im selben Jahr kennen gelernt und umwarb sie wie sein Freund, der Arzt Paul Rée. Salomé lebte zeitweise mit Rée in einer Studien-Gemeinschaft, heiratete aber erst 1887: den Orientalisten Friedrich Karl Andreas.

S 14

Richard Wagner an Minna Planer,
6. Mai 1835.
(Transkription Seite 44)

Alles ermattete in meinen Augen: Meine Seele war in der Gewalt dieses köstlichen Rausches, den nur eine lebhafte Leidenschaft uns schenken kann. Liebe! Ich fühle deine göttliche Raserei! Mein Kummer, mein Entzücken, alles ruft nach deiner Gegenwart.

Ninon de Lenclos an den Marquis de Sévigny, Mitte 17. Jahrhundert. Die gefeierte, französische Kurtisane zählte Molière und La Rochefoucauld zu den Bewunderern ihres Esprits und ihrer Schönheit. Die Beziehung zwischen Lenclos und Sévigny war von kurzer Dauer. Er kam bei einem Duell ums Leben.

Ich kann meine eigene Existenz in einem tiefen Kuss von dir vergessen.

Der amerikanische Gelehrte Byron Caldwell Smith an seine Verlobte Kate Stephens, die seine Schülerin gewesen war, 11. Februar 1875.

DU LIEBER ENGEL! ACH, BIST DU ES, BIST DU ES NICHT, SO ÖFFNE ALLE ADERN DEINES WEISSEN LEIBES, DASS DAS HEISSE, SCHÄUMENDE BLUT AUS TAUSEND SPRINGBRUNNEN SPRITZE, SO WILL ICH ... TRINKEN, BIS ICH BERAUSCHT BIN UND DEINEN TOD MIT JAUCHZENDER RASEREI BEWEINEN KANN, WEINEN WIEDER IN DICH ALL DEIN BLUT UND DAS MEINE IN TRÄNEN, BIS SICH DEIN HERZ WIEDER HEBT UND DU MIR VERTRAUST, WEIL DAS MEINIGE IN DEINEM PULS LEBT.

Der deutsche Dichter Clemens Brentano an die Lyrikerin Karoline von Günderrode, Frühjahr 1802.
Sie war eine Freundin seiner Schwester Bettine und ihrerseits in den Mythenforscher Friedrich Creuzer verliebt.

Welcher unwiderstehliche Impuls trieb mich zu dir? Einen Atemzug lang sah ich in den Abgrund. Ich erkannte, wie tief er ist, und ein Schwindelgefühl *überflutete mich.*

Gustave Flaubert an Louise Colet, 9. August 1846

DAS STELLDICHEIN – JACQUES TISSOT

Weil du mich genommen & geküsst hast, wiegt das Gute alles Böse auf, das vielleicht sein könnte, und weil wir uns geküsst & du mich, wunderbarer weise, geliebt hast. (Ich sage nicht bloss mit den Lippen »Noel«, denn jeder Zentimeter an mir erbebt & strebt zu dir, wenn ich das Wort denke.) Die Welt ist eine einzige Ekstase.

Rupert Brooke an Noel Olivier, 23.-24. Januar 1911

Wie ich dich liebte und fern von dir war, da war ich glücklich, weil du mir angehörtest, wie ich in deiner Nähe lebte, da war ich trunken von Seligkeit, aber jetzt, jetzt, wie finde ich ein Wort ...
Wilhelm von Humboldt an seine Frau Caroline, 23. Juli 1792

Himmel, Hölle, alles, alles ist in Ihnen, doppelt und dreifach ... Lassen Sie mir die Freiheit, in meinem Delirium zu schwärmen. Die langweilige, zahme, einengende Realität reicht mir nicht länger. Wir müssen unser Leben voll und ganz leben, Liebe und Leid bis an die Grenzen!

Der ungarische Komponist und Pianist Franz Liszt an Marie d'Agoult, 1834. Sie gab Ehemann, Kinder und ihre soziale Stellung auf, um Liszt zu folgen, dem sie drei Töchter gebar, darunter die spätere Cosima Wagner. Die beiden lebten rund ein Jahrzehnt an idyllischen Plätzen wie dem Genfer und dem Comer See zusammen, trennten sich aber 1844. D'Agoult war zwar bereit Liszts ehrgeizige Karrierepläne mitzutragen, aber nicht ihn mit anderen Frauen zu teilen. Sie wurde von Zeitgenossen als »sechs Zentimeter Schnee, darunter zwölf Meter glühende Lava« charakterisiert. Außer Bühnenstücken, Romanen und ihren Memoiren verfasste d'Agoult eine viel beachtete Darstellung der Revolution von 1848.

Mir, mir allein scheint, dass kein Mann jemals einer Frau das bedeutete, was du für mich bist. – Die Fülle muss in Verhältnis gebracht werden, wie du weißt, zur Leere ... Nur ich weiß, was früher war – die lange Wildnis ohne die Rosenblüte ... und die Unfähigkeit, Glück aufzunehmen, ähnlich wie ein schwarzes, gähnendes Loch, bevor diese Silberflut kam. Ist es nicht wunderbar, dass ich wie in einem Traum dastehe und ungläubig bin – nicht gegenüber dir –, aber gegenüber meinem Schicksal? Wurde jemals irgendjemand so plötzlich aus einem lichtlosen Kerker befreit und auf den Gipfel eines Berges gebracht, und ihm wurde nicht schwindlig und bang im Herzen, wie es mir passierte?

Die englische Dichterin Elizabeth Barrett an ihren späteren Mann Robert Browning, 10. Januar 1846

Großer Gott! Wie soll ich dir sagen, dass ich ganz berauscht bin von deiner wundervoll zarten Ausstrahlung, dass du, und hätte ich dich tausendmal besessen, nur sehen könntest, wie ich immer mehr berauscht bin; denn dann gäbe es Hoffnung und Erinnerung, wo bis jetzt nur Hoffnung ist.

Der französische Schriftsteller Honoré de Balzac an die polnische Adlige Eveline Hanska, Januar 1834. Sie hatten vereinbart, sich erst nach dem Tod von Hanskas Ehemann, der wesentlich älter war, anzugehören. Nach Jahren endlosen Wartens und leidenschaftlicher Korrespondenz heirateten sie 1850. Die Ironie des Schicksals wollte es, dass Balzac seine Hochzeit nur um wenige Monate überlebte.

Venedig unmöglich schön Deine Briefe besser als Wein Bleiben 8 Tage Schreib bitte hierher ...
Die amerikanische Schriftstellerin Anne Sexton an ihren Mann Alfred, 27. September 1963

LIEBLINGSSPEISE: Küsse

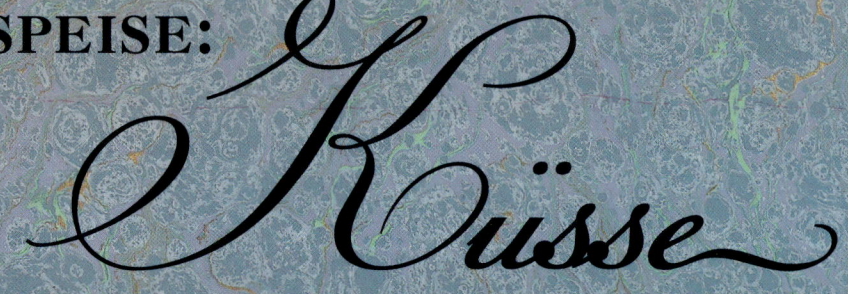

Weißt du, Schneckli, ich bin ein sehr dankbares Publikum. Wenn ich deinen Brief habe, so sehe ich erst so hier und da hinein – ich nasche. Wenn ich ihn dann verzehrt habe, so sehe ich überall noch herum, wo wohl noch Etwas steht oder was ich nicht ordentlich gelesen habe – ich nage ihn ab ...

Paul Rée während einer Helgoland-Reise an Lou Salomé, 19. oder 20. August 1882

Einzig und allein *du* machst das Leben *süß*.

John Hervey I. Earl of Bristol an seine Frau Elizabeth, 3. Mai 1697. Er behielt diesen liebevollen Briefstil dreißig Jahre lang bei.

S 16

DEINE WORTE SIND MEINE NAHRUNG, DEIN ATEM MEIN WEIN.

SARAH BERNHARDT AN VICTORIEN SARDOU, UNDATIERT

Mein **HERZ** dürstet nach deinen *Küssen ...*

Nathaniel Hawthorne an Sophia Peabody, 24. Juli 1839

KOMM UND ISS MICH — DRÜCK DEINE LIPPEN AUF MEINE & FANG AUF DIESE ART AN.

Isadora Duncan an Gordon Craig, 9. März 1907

SIEH. ALLES IST ZU DEINEM WOHL GEGESSEN ...

Franz Kafka an Felice Bauer, 21. November 1912. An diesem Tag schrieb er ihr drei weitere Briefe!

An jenem Abend, als wir zusammen im kleinen blauen Esszimmerchen saßen, sprachen wir auch von anderen Dingen: Im kleinen Häuschen würde Licht sein, eine sanfte, verhüllte Lampe, und ich würde an meinem Kocher stehen und Ihnen ein Abendbrot bereiten: ein schönes Gemüse oder Grütze. – Und auf einem Glasteller würde schwerer Honig glänzen und kalte, elfenbeinreine Butter ... Brot hätte da sein müssen, starkes, korniges Schrotbrot und Zwieback und auf langer schmaler Schüssel etwas blasser westfälischer Schinken, von Streifen weißen Fetts durchzogen wie ein Abendhimmel mit langgezogenen Wolken. Zum Trinken stünde der Tee bereit, leisen Duft ausatmend, jenen Duft, der zu der Hamburger Rose klang und der auch mit weißen Nelken oder frischer Ananas klingen würde ... So träumte ich ... Aber dennoch kann ich nicht glauben, dass die Wirklichkeit gar nicht sollte Beziehung gewinnen zu dem, was ich träumte. Ich sandte Ihnen gestern zur Probe ein kleines Paket einer sehr trefflichen Hafergrütze. Gebrauchsanweisung auf dem Paket.

Der deutsche Dichter Rainer Maria Rilke an die Malerin und Bildhauerin Clara Westhoff, seine spätere Frau, 23. Oktober 1900.

*L*iebe mich,

wie ich am Ende aller Dinge

nichts Besseres sehe, als

DICH ZU LIEBEN

und mit dir zu leben.

Goethe an Christiane Vulpius,
die er 1806 heiratete, 15. Juli 1795

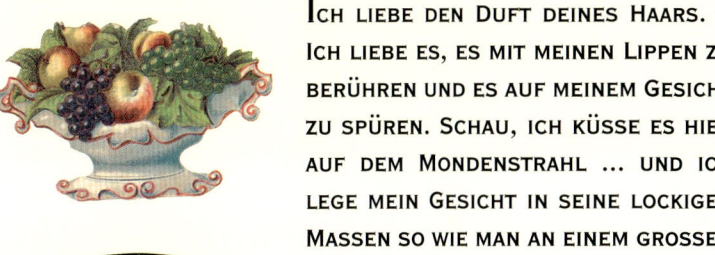

ICH LIEBE DEN DUFT DEINES HAARS. –
ICH LIEBE ES, ES MIT MEINEN LIPPEN ZU
BERÜHREN UND ES AUF MEINEM GESICHT
ZU SPÜREN. SCHAU, ICH KÜSSE ES HIER
AUF DEM MONDENSTRAHL ... UND ICH
LEGE MEIN GESICHT IN SEINE LOCKIGEN
MASSEN SO WIE MAN AN EINEM GROSSEN
VEILCHENSTRAUSS RIECHT.

Der amerikanische Dozent
und Geistliche
Robert Burdette an
Clara Baker,
nach 1890.
Sie heirateten
1899.

ALLERLIEBSTE,

Allerbeste,
Allerschönste,
Vergoldete,
Versilberte und Ver-
zuckerte ... Wer
guckt mit in mein
Schreiben – auweh,
auweh, auweh! –
mein Weib! ... Denn,
meine Frau ist – ist –
ist und hat Gelüste. –
Aber mir zu einem Bier,
welches auf englische Art
zugerichtet ist! – Nun
brav, Weiberl! Ich sehe end-
lich, dass du doch zu etwas
nütze bist!

Wolfgang Amadeus Mozart wollte am 2. Oktober
1782 an Frau von Waldstätten schreiben:
Während des Schreibens wurde ein
Flitterwochenbrief an Constanze Weber daraus,
die er zwei Monate vorher geheiratet hatte.

PSYCHE ZÖGERT –
GUILLAUME SEIGNAC

*N*imm eine Prise
vom milden Zauber-
stoff der Liebe und
füge sie den groß-
herzigen, den redlichen
Gefühlen der Freund-
schaft hinzu, und ich
kenne nur noch einen
anderen köstlichen Lecker-
bissen, den wenige, wenige
in jedem Stand jemals
kosten. Solch eine Kompo-
sition ist wie Schlagrahm zu
Erdbeeren: Er schenkt den
Früchten nicht nur eine elegante
Fülle, sondern ist an sich von besonde-
rem Wohlgeschmack.

Der schottische Dichter Robert Burns an Agnes
MacLehose, 21. Dezember 1787. In ihrer Brief-
Romanze, die auch die Verheiratung Burns' mit
Jean Armour 1788 überstand, gaben sie sich die
Namen »Sylvander« und »Clarinda«.

Es wird mir ein *einzig schöner Genuss* sein, dich in allen Verhältnissen des Lebens zu sehen ...

Caroline von Dacheröden an ihren Verlobten Wilhelm von Humboldt, 8. Dezember 1790

Sternzeichen: Venus lasziv

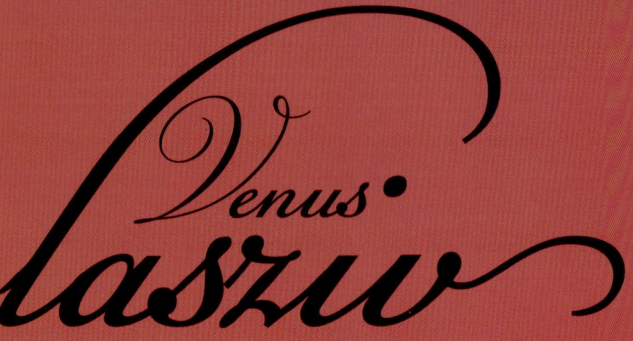

ANDERERSEITS SCHEINEN SIE MIR ABER NICHT ZUR EHE ZU PASSEN. ICH KANN SIE MIR EIGENTLICH, GLEICH EINER SCHAUSPIELERIN, NUR ALS DIE GELIEBTE EINES GROSSEN HERREN DENKEN, IN EINEM PALASTE WOHNEND, IM SCHLAFPELZ AUF DER OTTOMANE AUSGESTRECKT IHREN ROMANEN NACHSINNEND, FÄCHER, FEDER UND PEITSCHE GLEICH PIKANT, KOKETT UND ANMUTIG FÜHREND.

Der österreichische Schriftsteller Leopold von Sacher-Masoch an Emilie Mataja, 28. Juli 1875. Der Adlige umwarb die Nachwuchsautorin und schlug ihr ein Rendezvous nach dem Muster seines Romans »Venus im Pelz« vor, auf den der Begriff »Masochismus« zurückgeht.

Im Traum sah ich mich ohne dich an einer großen Tafel. Ich saß zwischen einer Prinzessin, die ich verabscheute, und einer zweiten. Beide versuchten, mich zu verführen. Die erste wollte sich jene Freiheiten herausnehmen, die sich keine Frau der Welt, außer du, mit mir je erlaubte. Die Folge war, dass ich sie niederschlug. Und in diesem Moment des Tumults kamst du, nahmst mich in deine Arme und flüstertest: »Ich liebe nichts als meinen Nelson.« Ich küsste dich feurig und wir genossen die Freuden der Liebe.

Horatio Nelson an Lady Emma Hamilton, vermutlich 28. Januar 1800

ALL MEINE GEDANKEN SIND AUF DEIN BOUDOIR KONZENTRIERT. AUF DEIN BETT. AUF DEIN HERZ.

S 18   *Napoleon Bonaparte an seine Frau Joséphine, 16. Juni 1796. Der französische General liebte Joséphine mit wilder und undisziplinierter Leidenschaft, die in scharfem Kontrast zu seiner Präzision auf dem Schlachtfeld stand. Joséphine de Beauharnais war sechs Jahre älter und Witwe, als er sie kennen lernte. Sie heirateten am 9. März 1796. Napoleon krönte sie 1804 zur Kaiserin, ließ sich aber fünf Jahre später von ihr scheiden, da sie ihm keinen Erben schenkte. Sie schrieben sich auch danach gefühlvolle Briefe.*

ACH LIBES LYP
AN ENDE,
HETHE ICH DYN
DYNK
IN BEYDE
HENDE,
SO WOLDE ICH
DAR INNE
GRYFEN,
ALS IN EYN
SACK PYPHE.

Nikolaus Barbi, vermutlich an einen Kollegen. Barbi war 1406-17 Stadtschreiber von Zerbst. Er trug den Liebesgruß nachträglich auf einer Urkunde ein. (Ach ewig geliebtes Lieb, hätt ich dein Ding in beiden Händen, so wollte ich hineingreifen wie bei einer Sackpfeife.)

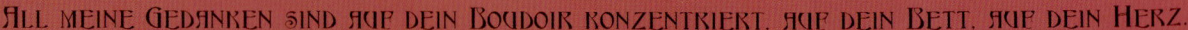

**Virginia Woolf an Vita Sackville-West,
4. Juli 1927.**
(Transkription Seite 45)

ICH WOLLT, ICH KÖNNT AUF IHRER HAND RUHEN, IN IHREM AUG RASTEN. GROSSER GOTT, WAS IST DAS HERZ DES MENSCHEN!

Goethe an Auguste Gräfin zu Stolberg in Kopenhagen, 10. März 1775

Ein Astronom bringt dreissig Jahre seines Lebens hoch oben auf seiner Sternwarte zu, ... um die Bewegung eines Gestirns zu erforschen, und sich selbst sollte keiner beobachten? Niemand sollte den Mut haben, über alle Gedanken, die ihm im Kopf herumgehen, über alles, was sein Herz bewegt, über all seine Leiden und Freuden genauestens Buch zu führen ... Es würde vielleicht weniger Überwindung kosten, in das Verzeichnis einzutragen: Ich habe den Thron dessen begehrt, der draufsitzt, als zu notieren: Eines Tages war ich mit lauter jungen Männern im Bad, unter ihnen entdeckte ich einen, dessen Schönheit mich überraschte, und ich konnte mich nicht beherrschen, mich ihm zu nähern ... Und Sie möchte ich fragen: Würden Sie wohl alles sagen? Was mich anlangt, so wüsste ich nichts, was Sie mir näher brächte, als Ihnen alles zu erzählen ...

Der französische Philosoph Denis Diderot an Sophie Volland, 14. Juli 1762. Diderot hatte gegen seine Eltern die Heirat mit seiner Jugendliebe Antoinette Champion, einer Wäschehändlerin, durchgesetzt. Sie hatten eine Tochter, Angélique. Daneben unterhielt er lange Jahre intensive Beziehung zu Volland, einer Dame der besten Pariser Kreise.

Ich muss immer an deinen Mund denken, wenn du sprichst, und dein anmutiges, reizvolles Mienenspiel. Er ist provozierend, dieser rote, feuchte Mund. Er ruft nach heftigen Küssen und saugt sie unwiderstehlich ein ...

Gustave Flaubert an Louise Colet, 9. August 1846

Und dieser breite Spitzenkragen, könnte er nicht ein bisschen offen stehen? Denn ich habe eine freie Hand, weißt du, und die möchte dann und wann Verstecken spielen mit zwei süßen, sanften, schneeweißen Spielgefährten. »Und du hast eine Hand?« Nun ja, mein Veilchen, die hat so ihre eigenen Schlupfwinkel ...

Robert Burdette an Clara Baker, 25. April 1898

O, wenn du mich kenntest, du würdest den Mut verlieren, mich zu lieben ... Es mag dir wohl wunderlich werden bei diesen Worten, denn du magst allerhand, was man nicht soll. O ihr armen, lieben, zweibeinigen Engel in der Hölle, und du, Günderrödchen, im Fräuleinstift, was habe ich euch so lieb, ihr Teufel und ihr Engel, mein Herz ist keine arme Seele ... O, ich bin ein arabisches Ross, warum nicht, wenn ich dich hier hätte, und du solche Hochzeiten feiern sähest neben mir, so sollten Mondnacht und Frühling uns das Echo sein, das ich ihnen war.

Der deutsche Dichter Clemens Brentano an Karoline von Günderrode, eine verarmte Adelige und Dichterin, die im evangelischen Damenstift in Frankfurt lebte, Frühling 1802

Gestern war ein Tag vollkommener AUSSCHWEIFUNGEN.
Der berüchtigte Taugenichts Henry Frederick Duke of Cumberland an Henrietta Lady Grosvenor. Ihr geheimer Briefwechsel wurde 1770 veröffentlicht.

Außerdem habe ich im Gedanken an dich von den Landgärten eine weiße Narzisse mitgebracht, herrlich. Hier bricht nachts ein schrecklicher Wind los ... Zu dieser Stunde schläfst du wohl (wie im Zug), und ich öffne ein Fenster, damit der Wind dich hereinträgt, ohne dich zu wecken, wie ich dich hereintrug. Überdies werde ich dir zu Ehren morgen einen vierfarbenen Drachen steigen lassen, damit er auffliegt in den Himmel von Alta Lota. Du wirst, Geliebte, eine lange Botschaft erhalten ...

Chiles Nationaldichter Pablo Neruda an Albertina Azócar Soto, 16. September 1923. Neruda schrieb seiner Jugendliebe bis 1932 über hundert Briefe. Soto erhörte seine Heiratsanträge allerdings nicht.

Du mein süßestes Mädelchen, allerliebstes Krabbelchen und was sonst noch alles ... Eben habe ich mir allerlei so kleine Sachen gekauft, Hosenträger, Krawatten etc. Es wäre riesig nett, wenn wir so etwas zusammen aussuchen könnten. ... Ich weiß nicht, ich bin heut so verliebt in dich, du mein allerliebstes Pusselchen.

August Macke an Elisabeth Gerhardt, Anfang Oktober 1905

DU HAST ... EINE SOLCHE MACHT ÜBER MICH, VERWANDLE MICH

ZULU-
LIEBESBRIEF
(iNewadi)

LIEBESBRIEFE DER ZULUS SIND GEFLOCHTENE PERLENSCHNÜRE. DIE FARBIGEN PERLEN HABEN UNTERSCHIEDLICHE BOTSCHAFTEN.

BEDEUTUNG DER FARBEN

Weiß: Die Farbe der *Reinheit, Zuversicht und Liebe* an sich.

Schwarz: Ich bin rauchschwarz wie die Dachbalken über der Feuerstelle geworden, weil *ich dich so vermisse.*

Blau: Wär ich eine Taube, *flöge ich* zu deiner Hütte und suchte vor deiner Tür nach Futter.

Gelb: Ich werde nicht essen, wenn wir heiraten, bis du ein Tier hast, dass du schlachten kannst.

Rosa: Du solltest fleißiger arbeiten, um »lobola« zu werden, statt beim Spiel dein Geld zu verschwenden.

Grün: Ich bin *dünn* wie ein Getreidehalm auf dem Feld geworden und so *grün* (d.h. bleich) wie das junge Laub der Bäume, weil ich dich so sehr liebe.

Rot: Mein Herz blutet und ist *voller Liebe.*

S 20

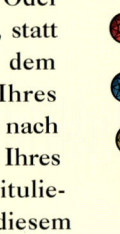

Allersüßeste fine mouche! Oder soll ich Sie, statt nach dem Emblem Ihres Petschafts, nach dem Duft Ihres Briefes titulieren? In diesem Falle müsste ich Sie »holdseligste Bisamkatze« nennen ... Ja, ich freue mich, Sie wieder zu sehen! Fine mouche de mon âme!

Heinrich Heine an Elise Krienitz, »die Herzensmücke«, Paris, 20. Juli 1855.

Du musst mir einen Fächer, eine Maske oder einen Handschuh schenken, irgendetwas, das du getragen hast, oder ich kann nicht weiterleben. Sonst kannst du darauf wetten, dass ich deine Hand küsse oder, wenn ich neben dir sitze, dein Taschentuch stehle. Du selbst bist ein bisschen zu groß, um dich einfach als Beute abzuschleppen ...

Der irische Schriftsteller Sir Richard Steele an Mary Scurlock, seine zweite Frau, August 1707.

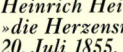
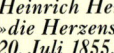
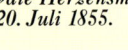
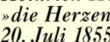
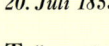

Träumst du in diesem Moment von mir oder sendest du sehnsuchtsvolle Lieder in die stille Nacht hinaus? Im Interesse deiner Nachbarschaft wünsche ich das Erste.

Kaiserin Elisabeth an Friedrich Pacher, 1874. Die maskierte »Sissi« flirtete mit dem jungen Beamten auf einem Faschingsball und schrieb ihm drei Briefe.

Ich umarme meinen kleinen Kakerlak und schicke ihr eine Million Küsse.
Der russische Dichter Anton Tschechow an die Schauspielerin Olga Knipper, die seit 1901 seine Frau war, 6. März 1904.

SPIELE

Doch ich vermute, es ist eine traurige und unabstreitbare Tatsache, dass etwas von der Romantik der Liebe vergeht – etwas von ihrem äußern Glanz und Blühen. – Ich kann mir vorstellen oder ausmalen, wie du mit fünfzig oder sechzig bist – und ich kann mir vorstellen, wie ich dich liebe – mit siebzig. – Aber um dir reinen Wein einzuschenken – ich kann einfach nicht der großen Tatsache ins Gesicht blicken, dass du eines Tages – (so Gott will) – vierzig sein wirst.

John Ruskin an Euphemia Gray, 19. Januar 1848

Es gibt ja auch in Wien eine solche Lotterie? ... Wollen wir wohl auf folgende 5 Nummern zusammen einsetzen: 9, 13, 21, 57, 88?

An König, 25. Oktober 1770

Wissen Sie wohl? dass ich Ihnen die Compagnie anbot, und Sie schlugen sie aus. Sehn Sie hieraus, dass ich vergebe, aber nicht vergesse. – Wollen wir in Hamburg auf folgende 5 Nummern einsetzen: 19, 36, 45, 47, 69?

An Lessing, 17. November 1770

Sie wissen doch wohl, dass auch in Hamburg eine jede Nummer mit einem Mädchen besetzt ist, das gern heiraten will?

An König, 15. Dezember 1770

Viel oder nichts! ... Wenn ich noch einmal setze, so bleiben Sie Compagnon.

An Lessing, 19. Dezember 1770

Ich komme auf unser gemeinschaftliches Projekt, glücklich – wollte ich sagen, reich zu werden. Wahrlich, Sie sind eine Frau, mit der man schlechterdings nicht verlieren kann.

An König, 13. Januar 1771

DER GESTOHLENE KUSS – PIERRE OUTIN

S 21

ZU EINEM MENSCHEN, DER DES SELBSTVERSTÄNDLICHEN FÄHIG IST.

Franz Kafka an Felice Bauer, 17./18. Februar 1913

Nachtigall noch hier. Garten in schönster Blüte. Frösche quaken melancholisch. Alle, die Blumen, die Frösche und die Nachtigallen, senden dir Grüße und sehnen dich herbei.

Paul Rée an Lou Salomé, Ende Mai 1882

Charmefaktor:
HINREISSEND

Wie sieht es mit deinem Herzen aus? Ist es mein? ... Mein mit Zuversicht, mit dem Glauben an meine Liebe, mit Freudigkeit ...

Ludwig Feuerbach an Bertha Löw, 12. Februar 1835

Wenn du wüsstest, wie ich mich nach dir sehne, wie die Erinnerung an vorige Nacht mich in einen Freudentaumel stürzt und mit Wünschen erfüllt. Wie gern möchte ich mich in Ekstase deinem süßen Atem und deinen Küssen hingeben, die mir so viel Glück schenken!

Juliette Drouet an Victor Hugo, 1833

Ich ruh auf deinem Briefe wie auf einem Rosenbett ...

Sophie Mereau aus Weimar an Clemens Brentano, 5. September 1803

Soll ich deine Gefährtin sein oder deine Sklavin? Begehrst du mich oder liebst du mich? Wenn deine Triebe befriedigt sind, wirst du mir danken? Wenn ich dich glücklich gemacht habe, wirst du wissen, wie du mir das sagen kannst? Weißt du, wer ich bin, und kümmert es dich, das nicht zu wissen? Bin ich für dich ein unbekanntes Wesen, das man sucht und von dem man träumt, oder bin ich in deinen Augen eine Frau wie jene, die im Harem fetter werden? Ist in deinen Augen, in denen ich einen göttlichen Funken zu entdecken glaubte, nichts als solche Lust, wie sie diese Art Frauen anstachelt? Kennst du diese Sehnsucht der Seele, die die Zeit nicht angreift, die kein Exzess tötet oder trübt? Wenn deine Geliebte in deinen Armen schläft, bleibst du wach, um über sie zu wachen, zu Gott zu beten und zu weinen? Machen die Freuden der Liebe dich atemlos und brutal oder erheben sie dich zu einer göttlichen Ekstase?

Die französische Schriftstellerin George Sand (Aurore Dudevant) an Dr. Pietro Pagello, Sommer 1834. Sie liebten sich, obwohl Sand kaum Italienisch und Pagello eigentlich kein Französisch sprach.

AUF DICH WILL ICH KUSS U. HAND LEGEN u. einst sterben! – Ihr Schleier ist weg, liebste Psyche! Wie Sie da in Gleims Arm lagen! Ach, in meinem lagen Sie auch! Standen, wie die Liebesgöttin auf dem Gerüste vor dem Pygmalion; so Sie am Fenster, mit dem liebescheuen u. liebetrunknen Blick der Seele! Wollen Sie ewig mein Mädchen sein? ...

Der Theologe und Philosoph Johann Gottfried Herder an die Darmstädterin Caroline Flachsland, 22. Juni 1771. Sie heirateten im Frühjahr 1773.

Vor wenigen Tagen warst du eine Göttin – und das war sehr bequem, sehr schön, sehr unverletzlich. Nun bist du eine Frau.

Charles Baudelaire an Apollonie Sabatier, 31. August 1857

Ich denke,
ich überlege,
und ich fühle.
– Fühlen Sie,
– haben Sie Gefühl ...

Wolfgang Amadeus Mozart an Constanze, seine Frau, 29. April 1789

Der Schwede Philip Christopher von Koenigsmarck zwischen 1691 und 1693 an Sophie Dorothea von Ahlden, Regentin von Hannover. Die Affaire endete tragisch: Koenigsmarck wurde getötet, als er ihr Schlafgemach verließ.

O IHR GÖTTER! Was für eine Nacht verbrachte ich!

Du bist durch diese
Zauberei der Liebe
mein Eigen.

Sophie Bernhardi-Tieck an August Wilhelm Schlegel, 20. August 1801

S 23

BETRACHTET ES ALS JUWEL IN EURER KRONE, DASS IHR MICH BESIEGT HABT, DEN, DER NIEMALS GANZ EROBERT WURDE AUSSER DURCH EUCH, DEREN FÜSSE ICH EINE MILLION MAL KÜSSE.

König Heinrich IV. von Frankreich an Gabrielle d'Estrées, 17. Februar 1593. 1590 war sie die Geliebte Hauptmann Bellegardes, der so lange von ihr schwärmte, bis Heinrich IV. die Schöne besuchte. Sofort verliebte er sich und verfasste neben Briefen sogar Liebeslieder für sie: »Charmante Gabrielle ... Was bleibt von mir ohne mein Leben und meine Liebe!« Wie lange er brauchte, um Bellegarde zu verdrängen, blieb d'Estrées Geheimnis. Heinrich IV., mit Margarete von Valois verheiratet, strebte die Annullierung seiner kinderlosen Ehe an, die der Papst 1599 gewährte. Heinrich IV. wollte d'Estrées, von der er drei Kinder hatte, heiraten, aber sie starb. Im Volk war »La Belle Gabrielle« beliebt, bei Hofe war sie verhasst, so dass Giftmord zu vermuten ist. Heinrich IV. heiratete 1600 Maria von Medici, die am 13. Mai 1610 zur Königin gekrönt wurde. Am 14. Mai wurde Heinrich IV. ermordet.

Mir scheint, als hätte ich dich nie so geliebt wie nun: avec mon âme. Ich liebe dich mit der Kraft unseres zukünftigen Lebens, unseres gemeinsamen Lebens, das erst nun Wurzeln ausgetrieben hat, erst nun lebendig wurde und in der Sonne gedeiht. Nicht ich liebe dich: Die Liebe hat mich ganz und gar in Besitz genommen. Liebe zu dir & unserem Leben & all unseren Schätzen & unserer Freude. Noch nie habe ich etwas Vergleichbares erlebt. Ja, bis jetzt kam mir so etwas gar nicht in den Sinn. Mir scheint, ich spielte nur am Rande der Liebe ... O meine Seele, wenn du nun kommst, werden wir etwas verwirklichen, das noch nie da gewesen ist, solche Glut, solche Schätze, solche Kräfte ruhen in uns.

Katherine Mansfield aus Südfrankreich an John Middleton Murry, Jahresende 1915

NACKTE AUF DEM BETT LIEGEND – VITO D'ANCONA

HEIMAT DES HERZENS: *Du*

Ich habe fremden Menschen ... Existenz und Behaglichkeit gegeben und die Einzige, für die ich arbeiten will, die meiner Arbeit Sinn und Zweck gibt, hat weinen müssen aus Sorge ... Ich darf nicht tun, was der ärmste Taglöhner tut, schaffen und sorgen für meinen Schatz?

Der bayerische Dichter und Jurist Ludwig Thoma an Maidi von Liebermann, 18. August 1918. Nachdem seine erste Frau Marion ihn 1910 verlassen hatte, umwarb er Liebermann bis zu seinem Tod 1921. Rund hundert Briefe Thomas sind erhalten.

AH!

DU BIST GEBOREN, UM GLÜCKLICH ZU SEIN, ODER ICH BIN ZU NICHTS NUTZE AUF DIESER WELT.

Der französische Schriftsteller Victor Hugo an seine spätere Frau Adèle Foucher, Oktober 1820. Sie liebten sich von Kindheit an, trotzdem wurde ihre Hochzeit zunächst von den Eltern verhindert. Schließlich setzte sich Hugo durch und heiratete Adèle am 12. Oktober 1822. Vermutlich vernichtete Foucher ihren Teil der Korrespondenz aus Ärger über die Liebesbriefe Hugos an andere Frauen.

... SELBST

WO DU ETWAS FALSCH GEMACHT HAST; FÜR MICH SIND ES DIE FEHLER EINES MENSCHEN, DEN ICH LIEBE.

Die Amerikanerin Harriett Beecher Stowe, Autorin von »Onkel Toms Hütte«, an ihren Mann Calvin Stowe, 1. Januar 1847.

Müdes, kleines Mädchen, liebes, müdes, kleines Mädchen, müde von zu viel Arbeit, müde von dicken, trockenen Büchern, müde von der harten Tafel und dem Griffel und den endlosen Zahlenreihen; ... müde von engen Zimmern und schwätzenden Leuten, geh und leg den schönen Hut ab und das Staatsgewand, in dem du Präsidentin gespielt hast, zieh etwas Leichtes, Bequemes und Hübsches an, das sich deiner kleinen Figur anschmiegt und sie umschmeichelt und damit kokettiert, und dich, wenn man dich anschaut, zehnmal zauberhafter macht, und komm, und setz dich einem Jungen auf den Schoß, der dich so innig liebt, dass er nicht weiß, wie er es dir sagen soll. Und er wird dich wiegen und dir Geschichten über dich erzählen und dir die Tränen von den müden Augen küssen und dir das Haar von den pochenden Schläfen streichen und dir sagen, wie innig er dich liebt ...

Robert Burdette an Clara Baker, 19. März 1898

Das Klopfen, Hämmern, Brechen im Hause dauert den ganzen Tag noch ununterbrochen fort ... Manchmal wünsch ich, dass du den Fortgang des Baues mit ansehen könntest, aber nur manchmal! Im Ganzen bin ich froh, dir die Unruhe ersparen zu können.

An Luise Mejer, 2. September 1784

Mein Morgengruß, so zärtlich er auch ist, kann nicht einmal zu dir dringen, so lärmt, klopft und hämmert es um dich her. Ich höre jeden Hammerschlag ...

An Heinrich Christian Boie, 7. September 1784

Aus den Briefen des Dichters Boie, der zu Meldorf als Landvogt amtierte, und seiner Verlobten Luise Mejer aus Celle. Sie heirateten im Mai 1785.

S 24

DIE FLITTERWOCHEN – ROBERT HANNAH

Versprich mir nichts als diese eine Freude, dass ich immer sehe, dass unsere Liebe selbst in dieser Welt nicht verloren geht. Alles, was sie in dir geweckt hat, das lass reifen. All die edleren Ziele, die sie dir vorgab, all das Gute, das du getan hast, das bleibt; nichts kann den Einfluss unserer Seelen durchkreuzen. Folg dem Weg, den wir betreten haben. Hier, nimm meine Hand: Deine Straße ist auch meine.

Caroline von Linsingen an den Duke of Clarence, den späteren König William IV. von England, 1795. Sie begegneten sich im April 1790 und heirateten heimlich am 21. August 1791. Als sich die Neuigkeit am englischen Hof verbreitete, zwang man den Prinzen, sie aufzugeben. Sie ertrug allen Kummer mit Würde, verfiel aber in eine totengleiche Ohnmacht und wäre beinahe lebendig begraben worden. Den Arzt, der sie rettete, heiratete sie dann vermutlich.

MEIN BISHERIGES LEBEN WAR, WEISS GOTT, NICHT LIEBELEER, ABER LEER VON LEBEN, RICHTIGEM LEBEN. ICH HABE JAHRELANG UMSONST GELEBT, DAS LEBEN VERTAN. UND DAZU IST ES NICHT DA ... ICH WERDE NIE MIT LEEREN HÄNDEN VOR DIR STEHEN. ICH WERDE DICH UMSORGEN, DIR, WO ES AUCH SEI, HEIMAT SEIN UND HEIM UND FAMILIE: ALLES DAS, WAS DU NICHT HAST, DAS WILL ICH DIR GEBEN, UND ICH WEISS, DASS ICH DAZU BERUFEN BIN, DICH GLÜCKLICH ZU MACHEN.

S 25

Die Berlinerin Lilly Wust (»Aimée«) im Juni 1943 an Felice Schragenheim (»Jaguar«), eine jüdische Freundin, die sie vor den Nationalsozialisten versteckte. Schragenheim wurde entdeckt und starb 1945 im KZ Groß-Rosen.

Vergiss mich, wenn du glücklich bist: Aber in brenzligen Situationen, bei frostigem, schlechtem Wetter, mit einer schlechten Rasierklinge und kaltem Wasser, könntest du dich meiner erinnern und mir schreiben.

Harriette Wilson an George Gordon Lord Byron, April 1814. Die geschäftstüchtige Wilson verlangte später von ihren zahlreichen Liebhabern Geld dafür, dass sie nicht in ihren Memoiren auftauchten. Es scheint jedoch, als gründeten ihre Liebesbriefe an Byron auf echtem Gefühl.

Höre! Eine Stütze brauch ich!

Einen Mann! Einen richtigen

frischen und gesunden Mann –

etwas Seltsames ist vorgefallen,

etwas Unerklärliches:

Du wirst es noch erfahren!

Jenny Lind, die »Schwedische Nachtigall«, an Jakob Axel Josephson, 18. April 1845

ICH WERDE NIEMALS DAS GEFÜHL HABEN, DASS DU MEINE LIEBE IN IHREM GANZEN UMFANG ANGENOMMEN HAST, BIS DU GELERNT HAST, IN MEINEN ARMEN ZU WEINEN ...

Woodrow Wilson, der 28. Präsident der USA, an seine spätere Frau Ellen Axson, 29. April 1885. Ihre Ehe war, wie auch die Briefe bezeugen, außergewöhnlich liebevoll und harmonisch.

... mein Beschützer, mein Gewissen, mein Wald, meine Herrlichkeit, mein Schwert und Helm, ... mein Herr, Schutz und Schirm, mein Hoffen und Harren, meine Träume ...

Die Berlinerin Henriette Vogel an den deutschen Dichter Heinrich von Kleist, November 1811

Schätzwert: Unbezahlbar

LEDA UND DER SCHWAN – PAUL TILLIER

Ich wollte wohl zu Euren Füßen leben und in Euren Armen sterben.

Der französische Philosoph Voltaire (François Marie Arouet) an seine verwitwete Nichte Marie Louise Denis, 1745/46. Sie durchlebten 1744 nach dem Tod des Monsieur Denis eine heftige Liebe, obwohl sie schon lange zuvor miteinander geliebäugelt hatten. Voltaire gab der treulosen Denis den Laufpass, nachdem sie ihn mehrfach betrogen hatte.

Faksimile-Brief gegenüber

Klara Wieck an Robert Schumann, 26. September 1837

Transkription Seite 46

S 26

*M*eine Liebe ist ein constantes Gefühl, dem nichts ein Ende setzt, das nichts unterbricht, das im Gegenteil vollkommene Verehrung ist, das seine Süße hat und eine so fürchterliche Seelenangst in sich birgt, dass sie mich, würden Sie sie um zweimal vierundzwanzig Stunden verlängern, töten würde ... Fühlen Sie denn nicht, dass ich Ihnen, jedes Mal wenn ich von anderem als meinen Gefühlen für Sie spreche, ein Opfer darbringe?

Der französische Staatsmann und Dichter Benjamin Constant an Julie Récamier, Januar 1815. Er pflegte eine hoffnungslose Leidenschaft für die faszinierende, wunderschöne und verheiratete Madame Récamier, die darauf spezialisiert war, die großen Männer ihres Zeitalters zu versklaven. Während ihrer empfindsamen Romanze hielt sie ihn ständig zwischen wahnsinniger Hoffnung und selbstmörderischer Verzweiflung. Constant in seinem Liebeswahn versuchte tatsächlich einmal, einen Pakt mit dem Teufel zu schließen, dem er im Tausch gegen Récamiers Körper seine Seele anbot. Seine Verblendung verging so plötzlich, wie sie entstanden war, dennoch schrieb er während der einjährigen Récamier-Ära sechzig glühende Briefe.

WENN ICH AN DICH DENKE UND AN DIE SCHÖNE ZEIT (DU HAST ES JA AUCH ERKANNT, WAS SIE UNS WAR ...), DANN WIRD ES MIR FAST ZU VIEL, UND DANN KÖNNTE ICH WAHNSINNIG WERDEN VOR SEHNSUCHT ... ICH HABE, GLAUBE ICH, FRÜHER EINMAL GEDACHT, ICH HÄTTE DIE KUNST LIEBER WIE DICH. DAS IST NICHT WAHR. ICH LIESSE SELBST DIE KUNST IM STICH, ICH GÄBE ALLES HIN, ALLES, WAS ICH NOCH HABE, NUR FÜR DICH, GLAUBE MIR DAS. UND DESHALB WILL ICH WARTEN UND DIE SCHWERE LAST DIESER KOMMENDEN JAHRE TRAGEN IN GEDULD, FÜR DICH.

Der Maler August Macke an Elisabeth Gerhardt, die er 1903 kennen gelernt hatte, 12. Mai 1905. Sie heirateten am 5. Oktober 1909 und hatten zwei Söhne, Walter und Wolfgang. Macke gehörte zur Künstlergruppe »Der blaue Reiter« und fiel kurz nach Ausbruch des Ersten Weltkriegs. Gerhardt heiratete 1916 einen Jugendfreund Mackes, den Journalisten Lothar Erdmann.

ICH WEISS, *dass du mich lieb hast, auch ohne Demonstrationen, und wir sind deshalb so glücklich zusammen, weil wir uns gegenseitig nie genieren.*

Elisabeth von Österreich an ihren Mann, Kaiser Franz Joseph I., 13. September 1874. Sie hatten am 24. April 1854 geheiratet.

Opfere ein wenig von dir für mich, und ich werde alles für dich opfern.

August Strindberg an Harriet Bosse, 28. April 1901

Könnt ich dir doch etwas tun zuliebe. Die alten Ritter hattens doch besser, die konnten für ihre Geliebten durchs Feuer gehen oder Drachen tot machen.

Der sächsische Komponist Robert Schumann an Clara Wieck, eine Pianistin, die von Wien bis Paris gefeiert wurde, 2. Januar oder 15. April 1838. Ihr Vater unternahm alles, um die Beziehung zu zerstören, doch gab Schumann nicht auf. Sie heirateten 1840. Schumann litt später an einer Geisteskrankheit und musste in einer Nervenheilanstalt untergebracht werden.

EICHEN ZEIT!

, Winter 1834/35

en, viel-
ehen, ob
r Liebe,
äre klü-
it! Nun
tört, die
mmnen.
tiefsten
ein. Ich
gung zu
ntehren
en Haar
ch. Die
Sein ...
isse im
lie nur die Liebe

S 27

1895. Wildes Liebe zu dem ver-
Douglas' Vater, schickte Wilde
teller wegen Verleumdung gegen
en Sexual-Praktiken angeklagt
rieb er diesen Brief an Douglas.

ETRÜGEN UND DICH PLAGEN ...

STERNE SIEHT!

April 1776

SEHR LIEB.

Dezember 1777

e im dreifachen Feuer
Liebe wert zu sein.

18. September 1780

innersten Herzens. Ich
genblick mit Ihnen teile.

11. März 1781

samt ihrem Mann am Hofe von
sie verehren, mehr wohl nicht.

Leipzig.
1837.

9.

am zehten September
[unleserlich]

[Handschriftlicher Brief, teilweise unleserlich]

Clara.

Wetterlage:
VORWURFSVOLL

Nun gut, geh du nur: Eine Frau zu verlieren ist noch nicht das Ende der Welt ...
11. August 1913
Aber ich bin tief, tief, tief verwundet.

Bah! Du hast keine Kraft in dir; du hast keinen Verstand ... heimlich läufst du hinter dem Leben her und rennst weg oder verkriechst dich und schreist, wenn es sich umdreht und dir die Arme öffnet: Für einen Mann bist du eine Schande, da du ihn zum besessenen Narren machst und nicht seine Krone »Kostbarer als Rubinen«: Statt dass du die Welt in dich aufnimmst, ziehst du dich von ihr zurück, weichst vor ihr aus, bewahrst dich vor ihr: Statt tausend Bezauberungen für tausend verschiedene Leute hast du nur eins, womit du sie faszinierst und – auf gut Glück – blind herumstolperst ... und auf Dienstboten, Kinder, Künstler, Philister Eindruck machst: Du bist eine Schauspielerin, die nur eine Rolle kann, und die ist nicht einmal eine richtige Rolle: Du bist eine Eule, die es nicht aushält, wenn meine Sonne sie zwei Tage bescheint: Ich habe dich viel zu gut behandelt.

11. August 1913

Der irische Dramatiker George Bernhard Shaw an die Schauspielerin Stella Patrick Campbell

S 28

Ich bin nicht zufrieden mit Ihrem letzten Brief: Er ist kalt wie die *Freundschaft.*
8. April 1796

Du weißt genau, dass ich es nicht ertragen könnte, dich mit einem Geliebten zu sehen, noch weniger, dir einen zuzuschieben. Ihn sehen und ihm das Herz ausreißen, wären eins für mich.
16. Juni 1796

Ich bekenne offen, dass ich jeden *hasse,* der um dich ist.
16. Juni 1796

DU NENNST MICH SIE.
SELBER SIE!
1796

Weib!!!
1796

Napoleon Bonaparte an seine Frau Joséphine

Was wollen Sie tun ...? Einen Mann heiraten, der weit unter Ihnen steht ... Gott, wohin ist es mit Ihnen gekommen, dass Sie, so geistreich und scharfsinnig Sie sind, sich derart einem blinden Schicksal überlassen ...

Der Sturm-und-Drang-Dichter Jakob Michael Reinhold Lenz an Henriette von Waldner, die er aussichtslos liebte, Frühjahr 1776. Der Brief wurde vermutlich nie abgeschickt.

Wo ist die gepriesene Freiheit nun, in der ich leben sollte? Ach, in dem Augenblick, wo ich mein Leben verweinen möchte, wo ich mit der Sehnsucht meines Herzens Ihre Briefe zu mir herzwingen möchte, damit Ihre freundlichen Worte mich trösteten, erhalte ich solche, worin Sie mir alle gegebenen Worte brechen ... Ach, wie sind Sie erkaltet.

Die Berliner Dichterin Sophie Bernhardi-Tieck an den Gelehrten August Wilhelm Schlegel, 24. Oktober 1804. Sie war die Schwester Ludwig Tiecks und mit dem Gymnasiallehrer Bernhardi verheiratet, von dem sie sich 1801 trennte, als Schlegel noch mit Caroline verheiratet war, der späteren Gattin Schellings. Außer den Briefen legt ein von Sophie und Schlegel verfasster Gedichtzyklus Zeugnis ihrer Liebe ab.

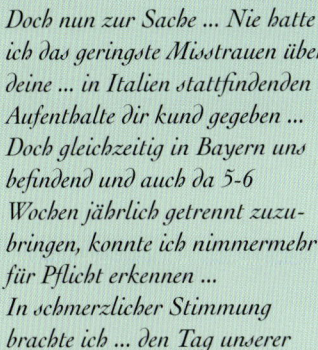

Ich betrachte die Liebe alles in allem als eine Art feindliche Handlung.

Der englische Dichter Lord Byron an eine Unbekannte, 10. November 1822

Doch nun zur Sache ... Nie hatte ich das geringste Misstrauen über deine ... in Italien stattfindenden Aufenthalte dir kund gegeben ... Doch gleichzeitig in Bayern uns befindend und auch da 5-6 Wochen jährlich getrennt zuzubringen, konnte ich nimmermehr für Pflicht erkennen ...
In schmerzlicher Stimmung brachte ich ... den Tag unserer silbernen Hochzeit zu.

Königin Therese an Ludwig I. von Bayern, Mitte 1836. Er pflegte nicht nur eine Langzeit-Liebelei mit der Italienerin Marianna Florenzi, sondern machte auch noch ohne Therese Sommerferien in Bad Brückenau.

Ich bin überzeugt, ich hätte die Folter besser *ertragen* als deine MÖRDERISCHEN, MÖRDERISCHEN Worte ...

Esther Vanhomrigh, »Vanessa«, anno 1714 an den irischen Schriftsteller Jonathan Swift. Sie war die Tochter seiner Londoner Wirtin und ihre geheime Affaire dauerte viele Jahre. Gleichzeitig unterhielt er eine Beziehung zu Esther Johnson, die er »Stella« nannte und der er ein Brief-Tagebuch widmete. Als er »Stella« heiratete und »Vanessa« kalt abfertigte, starb sie an gebrochenem Herzen.

DIE ART, WIE DU MICH BISHER BEHANDELT HAST, KANN ICH NICHT ERDULDEN. WENN ICH GESPRÄCHIG WAR, HAST DU MIR DIE LIPPEN VERSCHLOSSEN ... JEDE MEINER MIENEN HAST DU KONTROLLIERT, MEINE BEWEGUNGEN, MEINE ART, ZU SEIN, GETADELT UND MICH IMMER MAL A MON AISE GESETZT. ... UNGLÜCKLICHERWEISE HAST DU SCHON LANGE MEINEN RAT IN ABSICHT DES KAFFEES VERACHTET UND EINE DIÄT EINGEFÜHRT, DIE DEINER GESUNDHEIT HÖCHST SCHÄDLICH IST. ES IST NICHT GENUG, DASS ES SCHON SCHWER HÄLT, MANCHE EINDRÜCKE MORALISCH ZU ÜBERWINDEN, DU VERSTÄRKST DIE HYPOCHONDRISCHE, QUÄLENDE KRAFT DER TRAURIGEN VORSTELLUNGEN DURCH EIN PHYSISCHES MITTEL, ... DAS DU, AUS LIEBE ZU MIR, AUCH EINE WEILE VERMIEDEN UND DICH WOHL BEFUNDEN HATTEST.

Johann Wolfgang von Goethe an Charlotte von Stein, 1. Juni 1789. Der Dichter war kurz zuvor mit neuem Selbstbewusstsein aus Italien nach Weimar zurückgekehrt.

Leider habe ich deine Verachtung erfahren: Ich hätte deinen Hass ertragen und all die Eifersucht, zu der mich deine Neigung für eine andere verleitet hätte. Ich hätte auch irgendeine Art Leidenschaft entwickeln können um dagegen anzukämpfen, aber deine Gleichgültigkeit ist unerträglich.

Mariana Alcoforado, die »Portugiesische Nonne«, an Noël Bouton de Chamilly Graf von St. Leger, später Marquis de Chamilly, 1667/68. Von ihm verführt und dann verlassen, beschrieb sie ihre Lage in Briefen, deren Echtheit heute angezweifelt wird. Die dort charakterisierten Leiden bleiben in ihrer Gefühlswahrheit allerdings unleugbar authentisch. Rilke, der die Briefe übersetzte, zählte Alcoforado zu den Heiligen der Liebe.

S 29

In eurer Laufbahn spielt eine Frau nur eine Nebenrolle ... Wären wir zusammen, ich wäre für dich nur eine Schachfigur, während ich bei meinem Clemens das ganze unendliche Weltall vergäße.

Dorothee von Lieven, Gattin eines russischen Diplomaten, an Clemens Fürst Metternich, 12. April 1820. Von 1818 bis 1827 schrieben sie sich circa 400 glühende Briefe.

Vor langer Zeit hörte ich auf, an deine Liebe zu glauben, die so oft beschworen und so selten bewiesen wurde.

Herbst 1874

Komm, hab die Courage, die Folgen deiner schlimmen Fantasien zu tragen, und versuche, dich zu benehmen, wie es ein Gentleman tun würde, denn nichts kann dich dazu bringen, dich wie eine Dame zu benehmen.

9. Juli 1875

Ich habe wegen dir viel gelitten, aber ich werde nicht länger leiden. Ich betrachte dich als tot bis zu dem Tag, an dem der Körper jener Hure stirbt, der dir so ähnelt. Vielleicht kehrt an jenem Tag das bleiche Gespenst unserer früheren Liebe zurück, um in meinen Armen zu weinen. Aber bis dahin liebe ich dich nicht nur nicht mehr, sondern ich bedaure, dass ich dich jemals liebte!

9. Juli 1875

Jean Mounet-Sully an Sarah Bernhardt. Die beiden französischen Schauspieler feierten ihre zweijährige Liaison mit Hunderten von Briefen. Die Beziehung scheiterte an seiner Eifersucht und ihrer Untreue.

IN DIESER SPURGESCHICHTE, ALS DIE ICH UNSERE EHE BEZEICHNE, HABE ICH MANCHMAL EIN VERBRECHEN VERMUTET.

August Strindberg an Harriet Bosse, 29. August 1901

Handgepäck:
Sack & Asche

Ja, ja, ich war gestern böse. O, wie ich wegen des Bösen in mir weine. Wie bereue ich die schlimmen Worte, an die du nun denkst, wo du allein bist. O, mein angebeteter Liebster, mein geliebtes Ideal, mein Herrscher, denk nur an die lieben, sanften Worte, die ich dir sagte, du Fürst meiner absoluten Leidenschaft, meiner Verehrung, meiner Anbetung. Ich bin nicht länger stolz. Ich bin gezähmt! Ich liege dir zu Füßen, gehorsam und bußfertig. Nie, nie mehr werde ich böse sein.

Sarah Bernhardt an Jean Richepin, 1884

S 30

ZÜRNE NICHT,

liebes Mädchen ... Lass mir die Hoffnung, dass du mir verzeihen wirst, so werde ich den Mut haben, dir alles zu bekennen. Höre nur erst mein Bekenntnis an, und ich bin gewiss, dass du dann nicht mehr zürnen wirst.

Heinrich von Kleist an Wilhelmine von Zenge, 18. Oktober 1800.

DAME IN EINEM MITTELALTERLICHEN STUHL –
MADELEINE LEMAIRE

UND DOCH! UND DOCH!

Du weißt alles, kennst mich und verzeihst mir ... Auch ist es eine schöne Sitte, dass sich, die sich lieben, zu Neujahr einander abbitten, was sie gefehlt haben. Eines bin ich mir schuldbewusst ... Ich habe wirklich nicht genug für dich getan und gearbeitet.

Robert Schumann an Clara Wieck, 2. Januar 1839

Als ich vor einem Jahrhundert meine Klagegesänge an Sie schrieb, ... rieten Sie mir, die Feder, eingetaucht in die Tinte des Vergessens aus dem Lethe-Strom, von meinen Schrullen zu lassen, da ich unbefugt heiligen Boden betreten hätte; Sie boten mir ersatzweise ihre Freundschaft als eine Reliquie an – als ob sie mir einen Knochen zuwerfen würden, an dem ich zwischen all meinen feinen und eleganten Gefühlen knabbern könnte. Nun, ich rang mich mühsam zu dieser mageren Selbstverleugnung durch und meine Mühen versprachen Erfolg. Ich küsste die Rute, verehrte die Reliquie und kleidete mich in Ernst und Sack und Asche. Dann schrieb ich Ihnen, um mich ganz der Buße hinzugeben, ein Sendschreiben in angemessen demütigem Stil, da ich mutmaßte, es sei mein Recht, wenn nicht meine Pflicht, Sie auch zu kasteien, wie es sich für einen ihrer Jünger ... gehört.

Der englische Dandy George Bryan, »Beau«, Brummell (1778-1840) an eine Unbekannte, undatiert. Man sagte von ihm, dass »sein Liebeszentrum nur ansatzweise entwickelt sei«.

WIE KONNTE ICH SO GRAUSAM UND UNFREUNDLICH SEIN —
DEM EINZIGEN WESEN GEGENÜBER, DAS MICH LIEBT ...

Graf Leo N. Tolstoi, der russische Dichter, an seine Frau Sofja, 1863

GOTT MÖGE MIR VERGEBEN, WAS ICH OBEN GESCHRIEBEN HABE; ICH TAT ES NICHT ABSICHTLICH; ABER DU WARST EINMAL MEIN KLEINES

ALLES, UND ICH KANN DEN GEDANKEN NICHT ERTRAGEN, DICH VERLOREN ZU HABEN, ICH FÜRCHTE, DURCH EIGENE SCHULD.

Der englische Schriftsteller William Hazlitt (1778-1830) an Sarah Walker, die Tochter eines Schneiders,
in dessen Haus er wohnte, undatiert.

Alice, es muss irgendeine Basis geben, auf der wir wieder zusammenkommen können. Ich bin ein Feigling
und ein Bastard gewesen, aber ich liebe dich, darf ich dich wieder Weibchen nennen?

Der amerikanische Schriftsteller Paul Laurence Dunbar an Alice Ruth Moore, eine Schriftstellerin und Dozentin, 2. Februar 1903.
Sie begegneten sich 1897 und heirateten am 6. März 1898. Dunbars Alkoholismus und seine Depressionen führten 1902 zur
Scheidung. Er starb 1906.

UNSERE
STREITIGKEITEN
ENDETEN WIE DIE
STREITIGKEITEN
ALLER LIEBENDEN.

Der französische Staatsmann
Marquis de Lafayette, der am
amerikanischen Unabhängig-
keitskrieg teilnahm, an Aglaé
von Hunolstein, 27. März
1783. Sie war eine Hofdame
Marie Antoinettes und trat
nach Beendigung der Affaire
in ein Kloster ein.

Wenn du möchtest,
wollen wir uns einigen
und die Feindselig-
keiten einstellen. Ich
bin gerächt, ich bin
zufrieden gestellt.

Henrietta Lady Grosvenor an
Henry Frederick, Duke of
Cumberland.

Liebe
Mable:
Woher
sollte ich
wissen, dass
Broggins
ein Hund ist.

WORUM GINGS IN

UNSERER

AUSEINANDERSETZUNG?

RICHTIG – DARUM,

UNSER EIGENES ICH

ZU BEHALTEN, ALS WIR

GEFAHR LIEFEN,

IN EINS

ZU VERSCHMELZEN.

August Strindberg an
Harriet Bosse,
4. Juli 1902

Ich fühle mich mehr & mehr beschämt und töricht & närrisch & unwürdig & ich
versinke in dem abgrundtiefen Schlamm deiner kalten Verachtung.

Rupert Brooke an Noel Olivier, 25. September 1910

Dein letzter Brief war wie eine Begnadigung für jemand,
der gerade vor den Henker tritt.

Die englische Gelehrte Dorothy Osborne an den Schriftsteller und Diplomaten Sir William Temple, 5. oder 6. März 1653. Ihre
Beziehung, die von Zwistigkeiten ihrer Familien und der äußerst empfindsamen Persönlichkeit beider getrübt wurde, dauerte sieben
Jahre. Sie wurden Weihnachten 1654 getraut. Temple vernichtete vermutlich seine Briefe, als Osborne 1695 starb.

COPYRIGHT: *Exklusiv*

*D*ie Menschen dürfen nicht wissen, was wir uns sind. Wenn sie unsre Gefühle ahnten, schienen sie mir entweiht ... In dieser Einsamkeit erschein ich mir so reich. So in meine eigne Seele gehüllt, ists mir noch allein erträglich unter den Menschen ... Mein Bill, wie bist du mir so alles, alles!

Caroline von Dacheröden an Wilhelm von Humboldt, 15. November 1790. Sie heirateten am 29. Juni 1791 und hatten acht Kinder. Häufig getrennt durch die politische Tätigkeit Humboldts, schrieben sie sich zahlreiche Briefe, die ihre anhaltende Liebe dokumentieren.

Acht Tage sind vergangen, seit ich von f.f. schied, und schon ist es, als wäre ich acht Jahre lang fort, obwohl ich beschwören kann, dass nicht eine Stunde verrann, ohne dass mich die Erinnerung an sie bewegte; sie war meinen Gedanken ein so treuer Gefährte, dass sie mehr denn je zur Nahrung meiner Seele wurde; und sollte das noch einige Tage länger anhalten, wie es anscheinend sein muss, so glaube ich, wird sie in jeder Weise meine Seele erfasst haben, und dann werde ich leben und weben aus der Erinnerung an sie wie andere Menschen aus ihrer Seele.

Der italienische Dichter und Gelehrte Pietro Bembo an Lucrezia Borgia, etwa 1503. Als sie sich 1502 begegneten, war die 22-jährige Tochter Papst Alexanders VI. in dritter Ehe mit Alfonzo d'Este, dem Herzog von Ferrara, verheiratet und verlangte, dass Bembo seine Briefe zu ihrem Schutz an eine »f.f.« adressierte. Bembo schrieb gerade die »Asolaner Gespräche«, ein Werk über die Liebe in Dialog-Form, das er Borgia widmete.

MIT DIR EINZIGEM UND AUSSCHLIESSLICHEM SCHATZ STEHT UND FÄLLT ALLES, WAS MICH AN DAS LEBEN BINDET.

Ernst Haeckel an Anna Sethe, 14. Juli 1860

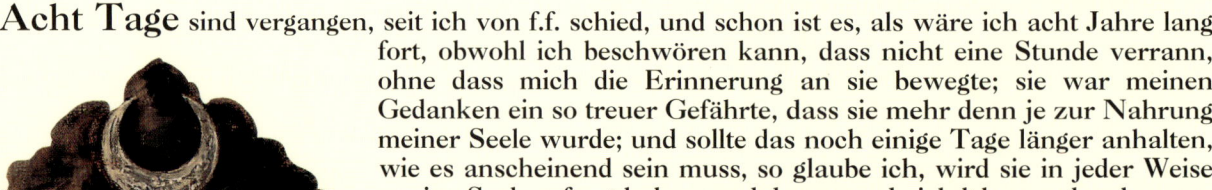

PORTRÄT DER MARQUISE DE
LA ROCHFORTENILLES –
CHARLES CHAPLAN

Ja, merkst du denn nicht, dass ich alles, was ich tue, immer nur in Gedanken an dich tue ... Treffen Beweise meines Erfolgs ein, ... so empfinde ich das einfach als meine Homage an dich.

Rosa Luxemburg an Leo Jogiches, 6. März 1899

Ihr seid mir teurer als jedes andere Geschöpf ...

Der englische Revolutionsführer und Puritaner Oliver Cromwell an seine Frau Elizabeth, 4. September 1650. Sie hatten geheiratet, als sie beide Anfang zwanzig waren, und führten von diesem Zeitpunkt an eine glückliche Beziehung.

Für MICH *heißt lieben,* DICH *zu lieben.*

Sarah Bernhardt an Jean Mounet-Sully, März 1873

Du allein. Neben *dir* gibt es nichts ...

Ludwig Thoma an Maidi von Liebermann, 16. August 1918

DU HAST IN MIR LIEBESGEFÜHLE ERWECKT, WIE ICH SIE NIE IN MEINEM LEBEN GESPÜRT HABE.

Ludwig I. von Bayern an Lola Montez, 18. Februar 1848

Wenn du mein *Herz* lesen kannst, wirst du sehen, dass *Liebe* ohne dich keine Liebe ist – es ist *Bestialität* ...

Lola Montez in ihrem Antwortbrief an Ludwig I. von Bayern, 19. Februar 1848

WELCH EIN BRIEF! JEDE FIBER GLÜHT IN MIR. ICH HÄTTE DIE GANZE WELT UMARMEN MÖGEN ALS EINEN TEIL VON DIR ...

Emma Siegmund an den deutschen Dichter und Politiker Georg Herwegh, 29. Januar 1843. Sie heirateten im selben Jahr.

S 33

UNGLÜCKSGRAD:
GEMARTERT

Ich könnte nicht noch mehr erleiden und am Leben bleiben.

Horatio Nelson an Lady Emma Hamilton, vermutlich am 28. September 1801

DER DICHTER, 1853 –
EBENEZER NEWMAN DOWNARD

S 34

Das Herz
das gesagt hat
»Lass dir nicht bang sein
um mich«
friert
und ist bang um die
der es das
gesagt hat

Erich Fried (1921-1988),
österreichischer Schriftsteller
und Journalist

Sie ist noch nicht wieder bei Verstand ...
und sie weiß kaum, wo sie Trost finden soll.

Jenny Lind über sich nach dem Tod von
Felix Mendelssohn-Bartholdy, an Amalia Wichmann,
15. Dezember 1847

Mein Herz wird von
der Liebe aufgefressen ...

Katherine Mansfield an John Middelton Murray,
27. Dezember 1915

Erwägen Sie beide ..., dass ich zuletzt
ein kopfleidender Halbirrenhäusler bin,
den die lange Einsamkeit vollends
verwirrt hat.

Friedrich Nietzsche an Lou Salomé und Paul Rée,
Ende 1882

Ich werde das Wort Liebe aus
meinem Wörterbuch herausreißen.

Der Brite Captain James Hackman an Martha Reay, die
Geliebte des Earl of Sandwich, 26. März 1776. Als sie
sich weigerte, ihn zu heiraten, erschoss Hackman sie und
wollte auch sich töten, überlebte aber. Er wurde vor
Gericht gestellt und zum Tod verurteilt. Ihre Liebesbriefe
wurden unter dem Titel »Love and Madness« (Liebe und
Wahnsinn) veröffentlicht, der zu den meistgelesenen
Büchern der Jahre nach 1780 gehörte.

Es gibt
Momente an
den langen,
langen,
einsamen
Abenden,
da würde ich,
falls ein *Mord*
notwendig
wäre, um dich
zu sehen,
ZUM MÖRDER.

Stendhal (Henri Beyle) an
Madame Métilde Dembowski,
7. Juni 1819

Ich bedeute dir nichts, außer dass ich mit ein paar netten oder traurigen Momenten deines Lebens identifiziert werde. Ich bin wie der Mann, der das Pferd hielt oder während eines großen historischen Geschehens bei der Kutsche stand.

Der französische Schriftsteller Marcel Proust 1904 an Louisa de Mornand, eine
Schauspielerin am Pariser Vaudeville-Theater. Sie hatten eine kurze Affäre, die ende-
te, als sie sich wieder ihrem früheren Geliebten zuwendete.

Es ist kein Messer, das nur nach vorne
sticht, es kreist und sticht auch zurück.

Der Prager Dichter Franz Kafka an Felice Bauer, 9. September 1917.
In diesem Brief teilt der 34-jährige ihr mit, dass er an Tuberkulose leidet.

Du weisst, wenn ich dich hasse, so kommt das daher, dass ich dich bis zu dem Punkt der Leidenschaft liebe, an dem es meine Seele aus den Angeln hebt.

Julie de Lespinasse an Comte Hippolyte de Guibert, 1774. Sie verliebten sich 1774, er heiratete trotzdem ein Jahr darauf eine andere. Sie begann aus Liebeskummer Opium zu nehmen und starb an einer Überdosis. Ihre rund 180 Liebesbriefe wurden 1809 veröffentlicht und zählen zu den Klassikern der französischen Literatur.

S 35

Du kannst mir stets so schreiben, wie dir ums Herz ist; denn einen Brief wegzunehmen wäre für meine Eltern ebenso unklug als zwecklos. Übrigens hast du so etwas schon deshalb nicht zu fürchten, weil ich sicher bin, dass sie so eines Vorgehens unfähig wären. Ich habe Mama auf die Probe gestellt. Meine Eltern sind sehr bekümmert wegen meiner Liebe zu dir. Mama weint oft bittere Tränen & kein ungestörtes Augenblickchen wird mir hier zuteil. Meine Eltern beweinen mich fast, wie wenn ich gestorben wäre ...
Von diesen Ferien werd ich mich erst allmählich in deinen Armen erholen können. – Es gibt ärgere Sachen als ein Examen. Jetzt weiß ichs. Das ist ärger als die Schwierigkeiten in der Welt.
Meine einzige Zerstreuung ist das Studium, das ich jetzt mit doppelter Liebe betreibe, & meine einzige Hoffnung bist du, meine liebe, treue Seele. Ohne den Gedanken an dich möchte ich gar nicht mehr leben im traurigen Menschengewühl. Doch dein Besitz macht mich stolz & deine Liebe macht mich glücklich. Doppelt selig werde ich sein, wenn ich dich wieder ans Herz drücken kann und deine liebenden Augen sehe, die nur mir leuchten und deinen lieben Mund küsse, der nur mir in Wonne gezittert.
Gottlob, dass nun der August vorübergeschlichen ist.

Der Münchner Student Albert Einstein, von einem Familien-Urlaub in Mailand, an die Physik-Studentin Mileva Marić, 30. August oder 6. September 1900. Die Eltern widersetzten sich der jungen Liebe, da Marić drei Jahre älter als Einstein und gehbehindert war. Das Paar bekam eine außereheliche Tochter, vielleicht, um eine Heiratserlaubnis zu erzwingen. Das Mädchen wurde zur Adoption freigegeben. Sie heirateten erst am 6. Januar 1903 und hatten zwei Söhne, Hans Albert und Eduard. 1919 ließen sie sich scheiden.

DU BIST FÜR MICH EIN HÖCHST BEGEHRENSWERTES OBJEKT. – DIE LUFT EINES ZIMMERS, IN DEM DU NICHT BIST, IST UNGESUND FÜR MICH ... ICH BIN DIE GANZE ZEIT EIN MÄRTYRER GEWESEN UND DARUM REDE ICH NUN; MEIN GESTÄNDNIS WIRD DURCH FOLTER ERZWUNGEN. ICH BITTE DICH BEI CHRISTI BLUT, AN DEN DU GLAUBST: SCHREIB MIR NICHT, WENN DU DEN MONAT ETWAS GETAN HAST, WAS ZU SEHEN MICH GEQUÄLT HÄTTE.

Der englische Dichter John Keats an Fanny Brawne, 5. Juli 1820. Die beiden waren zunächst Nachbarn, lebten dann 1819 und 1820 im selben Haus. Keats' schlechte Gesundheit überschattete die Beziehung von Anfang an. Er ging nach Rom, um seine Tuberkulose auszuheilen. Als er 1821 dort starb, begrub man Brawnes Briefe mit ihm.

O weh!

– Was für schwermütige Töne sind das: »Nie wieder!« – Der arme Teufel, der nie das Glück geschmeckt hat, hat nie Schmerz gekannt. Aber was die Seele zum Wahnsinn treibt, ist die Erinnerung an Freuden, die »nie wieder kommen«!

Robert Burns an Agnes MacLehose, März 1793

MUTTERSPRACHE: Poe

Herz meines Herzens,

ich sitze auf dem Geröll am Strand,

drei Stunden von Tokio ... Die Wogen

nähern sich und ziehen sich wieder

zurück; nähern sie sich, bringen sie

ihre süße Nachricht von dir, ziehen sie

sich zurück, nehmen sie eine Nachricht

von mir für dich mit. Die Wogen bewegen

sich zwischen dir und mir hin und her. Die Wogen pulsieren wie der

Puls der Liebe, und der schlägt, scheinbar ohne Grund, plötzlich

sehr stark, nur wegen unserer Liebe.

Der japanische Dichter Kenrio Watanabe an die englische Autorin Mertyl Meredith, an einem 24. Dezember zu Beginn unseres Jahrhunderts. Die englische Wissenschaftlerin und Schriftstellerin Marie Stopes, bekannt unter dem Pseudonym G. N. Mortlake, stellte die Brief-Romanze 1911 zu den »Liebesbriefen eines Japaners« zusammen.

O, WÄRST DU HIER, WIE SOLLTEST DU MIT MIR JUBELN UND JAUCHZEN UND DICH FREUEN. ICH HABE DIR SCHON OFT GESAGT, DASS ICH IN MEINER FREIEN, HERRLICHEN GOTTESNATUR DRAUSSEN EIN GANZ ANDERER UND BESSERER MENSCH BIN ALS IN DEM DUNST DER STÄDTE, WO ICH MICH OFT, SELBST TROTZ DER NÄHE DER NÄCHSTEN LIEBEN, SO BEENGT, GEDRÜCKT, BEFANGEN FÜHLE ... KAUM JEMALS HABE ICH ABER DIESEN GEGENSATZ SO LEBHAFT EMPFUNDEN WIE DIESMAL, WO MICH DER VOLLGENUSS FREIESTEN NATURLEBENS IN KURZER ZEIT GANZ MIR SELBST WIEDERGEGEBEN HAT ... ABER NICHT DEN ALTEN ISOLIERTEN EGOISTEN, ... SONDERN EINEN NEUEN, BESSEREN, VOLLKOMMENEREN MENSCHEN, DER IN DEINER REICHEN LIEBE, MEIN HERZIGER SCHATZ, EINE QUELLE NEUEN, FRISCHEN, EDLEREN LEBENS UND STREBENS GEFUNDEN HAT ... JE MEHR MIR DEIN LIEBES BILD DEN NACKTEN MECHANISMUS DER LEBENSMASCHINE MIT DER BLÜHENDEN FARBENPRACHT DES SELBSTBEWUSSTEN GEISTES ÜBERKLEIDETE, DESTO WOHLER UND HERZLICHER WURDE MIR ZUMUTE, ... UND ICH MEINTE, DICH IMMER NEBEN MIR ZU HABEN.

Der deutsche Zoologe Ernst Haeckel an seine Braut Anna Sethe, 23. Mai 1858. Sie heirateten am 18. August 1862.

Das ist meine Liebe, ich dichte dich
Bettine Brentano an

Ich war ehrlich zu Ihnen, als ich sagte, für mich würde
William Pitt an

Du bist jener Teil meines Seins, der aus
Charles Baudelaire, vermutlich

Ich weiß, du wirst alles, was
Honoré Gabriel Riqueti Comte de Mirabeau

ABER DU BIST EINE DICHTERIN UND MUSST NICHT ÜBER DIE FELDER LAUFEN, UM BLUMEN ZU PFLÜCKEN ... DA DU DIE WORTE LIEBST, VERLETZT DU SIE NICHT. DU SPIELST MIT IHNEN. DU VERTRAUST IHNEN DEINE GEHEIMNISSE AN. DU LEHRST SIE ZU MALEN, DU LEHRST SIE ZU SINGEN.

Der französische Dichter Marcel Proust an die englische Gelehrte Marie Nordlinger, März 1900. Sie war ihm unentbehrlich bei seinen Bemühungen, die Werke des englischen Schriftstellers Ruskin zu übersetzen. Leider entdeckte Proust später, dass Ruskin verboten hatte, seine Werke auf Französisch zu publizieren. Proust und Nordlinger sahen einander 1908 zum letzten Mal.

sie Zwischen alledem steht die Liebe

als die lauterste Form des Glückes und wartet. Sie ist das Glück, nicht ein Weg zum Glück oder zum Leben. Und ich glaube, es gibt auch ein Glück im gemeinsamen Leiden.

Das ist in ungeschickten Worten doch nun mehr von dem geworden, was ich nicht sagen wollte ... Ich sitz da oben ganz allein und halt das nicht aus. Mein ganzes Wesen, Leib und Seele, streckt sich aus nach dir. Ich kann das nicht fassen und nicht ertragen, dass unsere Liebe, fast wie ein Thermometer, nach Laune und Wetter steigen und fallen will. Ich bin selig, wenn ich in deine strahlenden Augen sehe, ich will alle deine Schmerzen und deine Traurigkeit mit dir teilen, aber du darfst mich nicht fortschicken. Du darfst es nicht, Elli.

Das halt ich nicht aus. Du schreibst an einem Morgen acht Zeilen rasch auf einen Bogen, in drei Minuten, und weißt nicht, wie weh du mir damit tust. Dagegen wehr ich mich, Elli. Du musst mich deine Liebe fühlen lassen. Ach, ich weiß ja, wie groß und beglückend sie ist. Ich lebe ja nur in ihr und von ihr. Sie ist eine zu große und ernste Sache, als dass Federn auf ihr herumtanzen dürfen.

S 37

mir ins Herz hinein ...
Achim von Arnim, Anfang November 1809

Sie Poesie in Prosa verwandeln, d. h. in Realität.
Lady Hester Grenville, 20. Oktober 1754

einer geistigen Liebkosung entsteht.
an die Schauspielerin Marie Daubrun, Anfang 1852

ungesagt blieb, erraten.
an Sophia Ruffey, 1778

Der Journalist Theodor Heuss an seine Verlobte, die Pädagogin Elly Knapp, Pfingstsonntag, den 19. Mai 1907. Sie heirateten im April 1908 und lebten in harmonischer Ehe. Knapp war von 1946 bis 1949 Landtagsabgeordnete in Stuttgart, Heuss übte von 1949 bis 1959 das Amt des Bundespräsidenten aus.

PUSCHKIN AN DER KÜSTE – IWAN KONSTANTINOWITSCH AJWASOWSKIJ

BLICKWINKEL: NOSTALGISCH

PLÖTZLICH KAM DIE ERINNERUNG an Ihre Handschrift mit einer Gewalt über mich, die ich Ihnen nicht beschreiben kann. Dreiundzwanzig oder vierundzwanzig Jahre vergingen wie ein Traum, und ich öffnete den Brief mit dem Gefühl, meinem jungen Freund David Copperfield zu begegnen, als er verliebt war ... Dann ordneten sich die dreiundzwanzig oder vierundzwanzig Jahre zu einer langen Prozession zwischen mir und der unabänderlichen Vergangenheit, und ich konnte nicht umhin, darüber nachzudenken, aus welch eigenartigem Stoff all unsere kleinen Geschichten gemacht sind ...

Meine liebe Mrs. Winter, Ihr Brief hat mich sehr bewegt. Nur die Freude, die er mir machte, hatte einen etwas traurigen Beigeschmack. Im Zank und Kampf dieser großen Welt, in der man einander so rasch verlieren kann, ist es unmöglich, von den alten Zeiten angesprochen zu werden, ohne dass sich sanfte Gefühle melden. Sie gehören in die Zeiten, als die Werte, die mir bisher am wohlsten getan haben, in meinem Jungenherzen heranwuchsen, sodass ich mit meiner Antwort nicht leicht zu einem Schluss finde. Die Erinnerungen, die mein Gedächtnis mit Ihnen verbindet, machten Ihren Brief – ich suche nach einem Wort –, statteten ihn mit einer Unmittelbarkeit aus, den kein solcher Brief von sonst jemand für mich haben könnte. Mr. Winter wird das nicht verübeln. Wir alle segeln zum Meer und haben eine Freude daran, uns den Fluss, auf dem wir segeln, vorzustellen, als er noch flach und klein war.

Der englische Dichter Charles Dickens an Maria Winter, geb. Beadnell, seine erste Liebe, 10. Februar 1855. Sie war das Vorbild der Dora in »David Copperfield«. Ihre Romanze spielte sich unter Schwierigkeiten ab. Dickens, unglücklich verheiratet, versuchte noch einmal mit ebenso lyrischen wie nostalgischen Briefen, die Geschichte wieder zu beleben. Als er Mrs. Winter tatsächlich traf, war er von der inzwischen etwas gewöhnlich gewordenen Frau enttäuscht.

GÜLTIGKEIT: *Ewig*

Ich kann dich nicht kalt und ruhig anschauen. Mein Herz antwortet immer noch deiner Stimme, das Blut in meinen Adern deinen Schritten.

Die englische Schauspielerin Fanny Kemble an Pierce Butler, einen Südstaaten-Unternehmer, Ende 1842 oder Anfang 1843. Sie heirateten, ließen sich aber scheiden, da Kemble die Behandlung der Sklaven auf Butlers Plantagen missbilligte.

S 40

Alles wird vergehen, außer meine Liebe zu dir.

Zarin Katharina die Große von Russland an Peter Zawadowskij. Ihre Affaire spielte sich zwischen Januar 1776 und Juni 1777 ab. Ihre Liebe verging allerdings doch, und es folgten weitere Liebhaber.

SARAH, MEINE LIEBE ZU DIR IST UNSTERBLICH, SIE SCHEINT MICH MIT MÄCHTIGEN KETTEN ZU FESSELN, DIE DURCH NICHTS ALS DIE GÖTTLICHE ALLMACHT GELÖST WERDEN KÖNNEN. UND DENNOCH ÜBERWÄLTIGT MICH DIE LIEBE ZUM VATERLAND WIE EIN STURM UND BLÄST MICH MITSAMT DEN KETTEN AUF DAS SCHLACHTFELD.

DIE SELIGEN AUGENBLICKE, DIE ICH MIT DIR VERBRACHTE, FALLEN MIR EIN, UND ICH FÜHLE DANKBARKEIT GEGENÜBER GOTT UND DIR, DASS ICH SIE SO LANGE GENIESSEN DURFTE. HART IST ES FÜR MICH, DIE HOFFNUNG AUF DIE ZUKUNFT AUFZUGEBEN UND ZU ASCHE ZU VERBRENNEN; MIT GOTTES WILLEN HÄTTEN WIR ZUSAMMEN GELEBT UND UNS GELIEBT, UND UNSERE SÖHNE HÄTTEN WIR ZU ORDENTLICHEN MÄNNERN HERANWACHSEN SEHEN. ICH WEISS, ICH HABE NUR WENIGE UND KLEINE WÜNSCHE AN DIE GÖTTLICHE VORSEHUNG, ABER ETWAS FLÜSTERT MIR ZU – VIELLEICHT IST ES DAS GEBET MEINES KLEINEN EDGAR –, DASS ICH UNVERSEHRT ZU MEINEN LIEBEN HEIMKEHREN WERDE. WENN NICHT, MEINE LIEBE SARAH, DANN VERGISS NIE, WIE SEHR ICH DICH LIEBE, UND MIT MEINEM LETZTEN ATEMZUG AUF DEM SCHLACHTFELD WERDE ICH DEINEN NAMEN FLÜSTERN ...

ABER, ACH SARAH! WENN DIE TOTEN ZU DIESER ERDE ZURÜCKKEHREN KÖNNEN UND UNSICHTBAR DIEJENIGEN UMGEBEN, DIE SIE LIEBTEN, DANN WERDE ICH DIR IMMER NAH SEIN, IN DEN FROHESTEN TAGEN UND IN DEN DUNKELSTEN NÄCHTEN ... IMMER, IMMER, UND WENN DU EINEN SANFTEN HAUCH AN DEINER WANGE FÜHLST, SOLL ES MEIN ATEM SEIN, WENN KÜHLE LUFT DIR DIE POCHENDEN SCHLÄFEN FÄCHELT, SOLL ES MEINE SEELE SEIN, DIE AN DIR VORÜBERGEHT. SARAH, BEKLAGE MEINEN TOD NICHT. DENK, ICH SEI DIR VORAUSGEGANGEN UND WARTE AUF DICH; DENN WIR WERDEN UNS WIEDER SEHEN.

Major Sullivan Ballou an seine Frau Sarah, 14. Juli 1861.
Er fiel eine Woche später in der ersten Schlacht von Bull Run im amerikanischen Bürgerkrieg.

Oh, Noel, Noel, Noel, meine Liebste:

Erinnre dich! Denk an alles, was gewesen ist! Es ist mehr als vier Jahre her seit jenem Abend in Ben Keelings Räumen & den Tagen am Fluss, als wir uns so rasch verliebten. Denk an die Tage am Fluss; und das Camp in Penshurst, im Jahr darauf, und an bestimmte Augenblicke; & Klosters; und das Beaulieu-Camp; & den einen Abend bei der großen Ulmengruppe in Grantchester; ... & zweimal in diesem Jahr fühlte ich deine Tränen, Noels Tränen, auf meiner Hand. Es gibt bestimmte Dinge, Dinge, die uns verbinden. Die Hälfte von dem, was du geworden bist, ist mein Werk; die Hälfte von mir deins.

Rupert Brooke an Noel Olivier, 29. Juli 1912

Kannst du dich auf die Nacht in Pyrmont besinnen,

als ich das Fest gab und als dein Vater, dein Bruder, wir beide und einige Edelleute uns davonstahlen, um auf dem Berg den Sonnenaufgang zu sehen? ... Ich will frohen Herzens alle Höllenqualen ertragen, wenn du nur für immer die Erinnerung an diese Nacht behältst ... Du sagtest zu mir, die Engel würden den Vorhang am Himmel zurückziehen und dir Freude schenken. Da überwältigte mich meine Leidenschaft, sodass ich den Sonnenaufgang gar nicht wahrnam.

Der Duke of Clarence, später König William IV. von England, an Caroline von Linsingen, 1795

Herzliebster, gestern habe ich wahrhaftig vergessen, dass sozusagen unser »Verlobungstag« war. Aber sophistisch rechne ich aus, dass der Kuss auf der Treppe wohl nach Mitternacht war, folglich heute erst sich jährt. Heut vor einem Jahr kamst du dann morgens mit der Goldhaube und glückseligen Augen, und ich war ein bisschen ängstlich, ob ich wohl eine schlimme Sache gemacht hätte, und nahm mir vor, dich auf den Pfad der Freundschaft und Tugend zurückzuführen. Und morgen ists dann ein Jahr, dass diese meine Absicht unter dem ersten Sturm deiner Zärtlichkeit unterging. Oder nein, das war erst am 26. ... Aber jedenfalls habe ich noch nicht gedacht, dass ich ein Jahr später bereits meine Sachen packen würde und in unsere Wohnung schicken ... Morgen kommen also die Packer. – Ich wollte, ich könnte mich in dem Schrank verstecken, und beim Auspacken fändst du mich.

Elly Knapp aus Straßburg an Theodor Heuss, 24. März 1908.

Morgens halb vier. – Eben sind wir vom Ball gekommen durch den schimmernden, tauigen Sommermorgen. Uns liefen Rehe über den Weg. Wie kann man da zu Bett gehen? Ich habe unsinnig getanzt und dachte so viel an dich, wie wir damals zusammen tanzten. Ich schicke dir Blumen, die ich im Haar hatte. Sechs Uhr. – Mir wurde vorhin doch etwas müde, da bin ich hinaus und 2 Stunden lang durch die Wiesen und Felder gerannt ... Siehst du, so etwas ist eigentlich nicht gut für mich, es steigt mir immer so zu Kopf. Ich bin so entsetzlich wild, Friedl, ich könnte tanzen, bis ich tot umfalle.

Ellen Olestjerne an Friedrich Merold, 1. Juni, Ende 19. Jahrhundert. Den Brief verfasste Franziska Gräfin zu Reventlow. Sie wollte eigentlich Malerin werden. Aus Geldnot verarbeitete sie ihre eigenen Briefe und Tagebücher zu dem Roman »Ellen Olestjerne«. Ellen ist ihr Alter ego, Merold das Walter Lübkes, mit dem sie 1894–97 verheiratet war.

Diese Gegend ist so durchdrungen von unserer Liebe,

dass jeder Spaziergang zu einer bewegenden Pilgerfahrt wird. Da ist die Villa ... Hier das Feld, wo wir Anemonen pflückten, dort die Mauer, wo sich die Eidechse sonnte ... Auf dem Rückweg ging ich an der Villa Pauline vorbei und sah über der Mauer schon die Geranien in Knospen und Blättern. (Natürlich ging ich hinein, und während du den Teekessel aufsetztest, holte ich die geblümten Tassen aus dem Schrank ...) Es ist meine Liebe zu dir, die allem, was ich hier schreibe, den süßen Anhauch verleiht.

Katherine Mansfield an John Middleton Murry, Anfang Februar 1918

DOLCE FAR NIENTE –
JOHN WILLIAM GODWARD

Schicksal bedeutet, dass meine Liebe zu dir durch einen wunderbaren Prozess aus Verzweiflung, Hoffnung, berauschender Freude, Geduld und Raserei wie im Brennofen in die tiefsten Schichten meiner Seele eingebrannt werden soll. Und eines Tages – wenn Gott so viel Güte aufbringt – wird das Bild einer großen Liebe eine durchsichtige Lasur aus Glückserlebnissen erhalten, die alle seine Farben hervorhebt und sie immer frisch erhält.

Byron Caldwell Smith an Kate Stephens, 2. April 1875

Im Namen aller zuständigen Götter, Heiligen und Maskottchen verpflichte ich mich zu folgenden zehn Punkten und hoffe, dass alle diese zuständigen Götter, Heiligen und Maskottchen mir gnädig sein werden und mir helfen werden, mein Wort zu halten:

1. *Ich werde dich immer lieben.*
2. *Ich werde dich nie allein lassen.*
3. *Ich werde alles tun, um dich glücklich zu machen.*
4. *Ich werde, sowie es die Verhältnisse erlauben, für dich und die Kinder sorgen.*
5. *Ich werde nicht dagegen protestieren, dass du für mich sorgst.*
6. *Ich werde mich nicht mehr nach hübschen Mädchen umsehen, höchstens um festzustellen, dass du hübscher bist.*
7. *Ich werde abends sehr selten spät nach Hause kommen.*
8. *Ich werde mich bemühen, nachts leise mit den Zähnen zu knirschen.*
9. *Ich werde dich immer lieben.*
10. *Ich werde dich immer lieben.*

Die Jüdin Felice Schragenheim (»Jaguar«) an Lilly Wust (»Aimée«), eine Berliner Hausfrau und Mutter von vier Söhnen, die sie in ihrer Wohnung vor den Nationalsozialisten versteckte, 29. Juni 1943

Kein Laut deines Herzens ist mir fremd, und im ersten Moment unseres Wiedersehens wirst du in meinem Blick die unendliche Liebe wiederfinden, die ich immer gleich treu und gleich stark für dich bewahrt habe.

Wilhelm von Humboldt aus Rom an seine Frau Caroline, 5. Januar 1805

Die Liebe, die mich durchglüht, ist ewig. Der zerstörerische Lauf der Zeit soll nie in der Lage sein, ihr etwas anzuhaben.

John Eccles an die englische Schriftstellerin Mary Hays, 7. August 1779. Sie liebten sich als Jugendliche trotz des Widerstands ihrer Familien und schrieben und trafen sich heimlich. Die Romanze wurde durch Eccles' tödliche Krankheit plötzlich beendet. Hayes trauerte zehn Jahre lang um ihn und begann zu schreiben. Sie freundete sich mit dem Ehepaar Mary Wollstonecraft/William Godwin an. Jahre später verliebte sie sich unglücklich in einen Mann, dessen Name nicht überliefert ist.

S 41

Ich fordere dich heraus: Vergiss mich ganz ...

Mariana Alcoforado an Noël Bouton de Chamilly, etwa 1667/68.

Wenn alle sonst dich verlassen haben, will ich zu dir kommen und in deinen Armen sterben.

William Hazlitt (1778-1830) an Sarah Walker, undatiert

Briefe

PULSFREQUENZ: RASEND S. 4

Es wird in der Jahrszeit wo die Sonne heiß scheint, der blaue Himmel oft dunkel, man ahndet Sturm und Regen und doch geht endlich die Sonne wieder ruhig und golden unter so war mir's, da ich Ihnen geschrieben hatte; ich ward oft roth über den Gedanken, daß Sie es wohl unrecht fänden; und endlich ward mein Mißtrauen, nur durch wenige Worte, aber so lieb gelößt. Wenn Sie wüßten wie schnelle und große Fortschritte mein Zutrauen in demselben Augenblick machte, da ich erfuhr daß Sie es gern wollen. O dürfte ich jetzt bei ihm sein dachte ich; so glühend und hell sollte meine Sonne jetzt vor ihm auf und unter gehen wie sein Aug sich freundlich auf mir bewegte ja wohl herrlich, ein Purpurhimmel mein Gemüth, ein warmer freudiger Liebesthau meine Rede, die Seele müßte wie eine Braut aus ihrer Kammer trethen, ohne Schleier und sich bekennen. O Herr in Zukunft will ich Dich oft sehen und lang am Tage, und oft soll ihn ein solcher Abend schließen.

Was haben wir anders, als daß wir das was von der ganzen Welt nicht erkannt oder nicht gewußt, still und gewissenhaft mit dem theilen, der gern Theil an uns selber nimt; das Gemüth hat ohne Vertrauen, ein hartes Loos, es wächst langsam, wie heiße Pflanzen zwischen Felsen, zwischen Freud und Schmerz auf so bin ich! – Meine Sehnsucht, mein Gefühl waren Melodien, die sich ein Lied suchten dem sie sich anschmiegen darf ich mich anschmiegen? dann sollen diese Melodien so hoch steigen, daß sie Ihre Lieder begleiten können.

Ihre Mutter, schrieb, sie von mir, daß ich keinen Anspruch an Antworten mache, daß ich keine Zeit rauben wollte, die ewiges hervorbringen kann, Sie hat Unrecht gehabt, denn ich möchte gern alle Zeit, alle verfloßne und alle Zukünftige Ihnen rauben wenn mirs möglich wär, ohne böses Gewissen zu haben; bedenken Sie indeß, daß nur wenig Worte von Ihnen mir mehr Freude machen werden als man in langer Zeit zu haben pflegt.
Bettine.

Die Mutter ist sehr heiter und Gesund sie ißt viele Trauben und Pfirsing, sie trinkt, noch einmal so viel Wein wie vorm Jahr, geht bei Wind und Wetter ins Theater, protegiert die Anfänger, und wenn sie recht lustig ist, so singt sie mir »Zärtlich getreue Seele, deren Schwuhr kein Schicksal bricht« oder »Amor legt die Flügel an, weil er nicht länger warten kann« sie hat ihren Enkelsohn Wilhelm sehr lieb, und sagt von ihm er habe auserordentlich schöne Augen, aber keinen so hübschen Mund wie ihr Sohn, – »denn mein Sohn hat einen wunder schönen Mund« sagt sie; von der Tochter erzählt sie mir viel Treue, die an Ihnen ausgeübt, wenn diese meinen Gruß annehmen will, so biet ich ihn herzlich an.

WINDSTÄRKE: LEIDENSCHAFTLICH S. 8

Dienstag vormittag, 3. August 1909
Einem glühend heißen Tag, den ich eigentlich nur vom Hörensagen kannte, da ich mein Zimmer fast nicht verlasse, folgte heute nacht ein ungeheuerliches Gewitter, und nun weht's eisig beim Fenster herein, daß man glauben könnte, man sei auf einer Schutzhütte. Und die Trübseligkeit draußen ist nur dazu angetan, meine eigene zu vermehren, bis zur äußersten Schwermut zu treiben. Ich denke, wie's trotz Wind und Wetter wohlig hier wäre, wärst Du bei mir, wie da die Stunden flögen! Wie sie in tausendfältigen Freuden untergingen, um immer neuen, abwechslungsreicheren, heiligeren Stunden Platz zu machen. O stell dir nur einen solchen Tag vor, wie schon am Morgen alle Nerven in uns zitterten, uns entgegenzueilen. Der erste Kuß, die erste Umarmung, wo unter dem Duft von Pfefferminz und Kölnischwasser der warme menschliche Atem durchdringt! – Und dann in den Wald, frohe Worte, süße, traurige Erinnerungen austauschend! Und mit dem verstärkten Glanz der Sonne stilles Sehnen nach den dunkelgrünen Wellen des Sees. Und wenn du dann heraus-

S 42

trätest aus der Kabine und der Glanz Deines weißen Leibes und der warme Hauch zu mir herüberdränge und wir hinausschwämmen, in die Wellen hinein, und dann erfrischt die Wärme des Bademantels suchten und Du mit mir im Gras und Sonnenglanz lägest – – o wie jubelte da jede Pore meines Leibes, was für Feste feierte da dieser mein Leib, der, der Macht Deiner Schönheit entzogen, verdorren und zugrunde gehen muß – wahrlich, da tauchte bei mir wieder jene schöne Leibessehnsucht auf, die mir schon lange ganz abhanden gekommen ist: der Appetit! Und an Deiner Seite in der geschützten und doch luftigen Veranda freuten sich Gaumen und Magen der einfachsten Speisen, als wär's Ambrosia – und ist doch nur –Topfenhaluschka! Und dann hinauf in die Ruhe und Stille des kühlen Zimmers.

O wie kurz wäre dann noch der Rest des Tages, um alles, alles durchzukosten, wonach unsere Sinne und Nerven verlangten – Musik, Gesang, Natur, Bewegung im Freien, Ausfahrten, gute Bücher, frische Beeren, Kahnfahrten, Sonnenuntergang, im wüsten Durcheinander die Feste feiern, wie sie fallen. Und dann, wenn endlich der Abend kommt, der Lampenschein verlöscht und nur mehr hie und da ein Kerzenschimmer durch die grünen Läden in die Mondnacht dringt – wenn alle menschlichen und tierischen Geräusche verstummen und nur wie ein Naturlaut das Zirpen der Grillen, das gleichförmige Plätschern des Brunnens vor dem Tor ertönt, gleichsam auftauchend aus den Geräuschen des Tags, wenn ich dann die Türe zu Deinem Zimmer öffnete, dann, dann – – – dann trenne uns nichts mehr, nichts mehr – – – im Arm der Liebe schliefen wir selig ein.

Wenn Du morgens, lang nach dem ersten Hahnenschrei erwachend, die lieben tiefliegenden, verschlafenen Augen riebst, schlösse eine letzte selige Umarmung den Kreis des Glücks – der Erfüllung – – des Lebenszweckes – – – – – – –

Ein solcher Tag wäre des qualvollsten, elendreichsten Lebens wert – er wäre des Todes wert.
Alban

Alban Berg an Helene Nahowski. Der 21-jährige Berg sah im Winter 1906 im Wiener Opernhaus eine junge Dame, die ihn begeisterte. An Ostern 1907 lernte er Helene Nahowski, die Gesang studierte, persönlich kennen. Berg umwarb sie, zum Beispiel indem er ihr ein Autogramm Gustav Mahlers verschaffte. Im Gegenzug schickte Helene ihm Kleeblätter, Veilchen oder Rosen mit Lorbeer. Zunächst lehnte Vater Nahowski den jungen Musikstudenten ab. Die Brautzeit der beiden zog sich folglich hin. Helenes Mutter erreichte schließlich nicht nur die Einwilligung des Vaters zur Trauung, sodass sie am 3. Mai 1911 stattfinden konnte, sie durfte dem Paar auch eine Wohnung in der Trautmannsdorffgasse 27 einrichten. Die Ehe der Bergs galt als außergewöhnlich glücklich, auch wenn sie kinderlos blieb und der Komponist ab 1926 eine Romanze mit der verheirateten Pragerin Hanna Fuchs-Robertin pflegte. Ihr widmete er ein Streichquartett über ihre Initialen HF. Soma Morgenstern, ein enger Freund des Ehepaares, erinnert sich an weitere Abenteuer Bergs, unter anderem mit der Schwester des Dichters Franz Werfel. Alban Berg wurde indessen nie müde, liebevolle Kosenamen für Helene zu erfinden wie »Pferscherl«, »Swipelherz« oder »Goldfasan«. Er klagt noch am 22. Februar 1934, sein »Goldchen« fehle ihm schon nach zweistündiger Abwesenheit. Alban starb am 24. Dezember 1935 an Blutvergiftung: Helene überlebte ihn um 41 Jahre.

Im Jahr 1965 publizierte Helene die Briefe Bergs an sie. Ihr Vorwort ist eine letzte Liebeserklärung an ihn: »Ich habe 28 Jahre auf Erden im Paradies seiner Liebe gelebt – und wenn ich die Kraft hatte, die Katastrophe seines irdischen Todes zu überleben, so war es durch die Vereinigung unserer Seelen – ein Bündnis, längst geschlossen – über Zeit und Raum – im Ewigen.«

Quelle: F21 Berg 1581 / 1909 / 36 aus der Musiksammlung der Österreichischen Nationalbibliothek.

TONART: SEHNSUCHTSVOLL

Wortlaut des altenglischen Originals
Myne Awne swethart, thes shall be to advertes yow off the grette elengenes that I fynde her syns your departyng. For I ensure yow, me thynkyth the tyme lenger syns your departyng now last then I was wonte to do a hole fortnyght. I thynke your kyndness and my ferve(n)cs off love causyth it. For otherwiyse I wolde not have thowght it possyble that for so littyl a wyle it shulde have greyvd me. But now that I am co(m)yngth toward yow, me thynkyth my painnys bene halfe relesyd, and allso I am ryght well co(m)fortyd in so muche that my bok makyth substancially for my matter, in lokyng wheroff I have spente above IIII ours thys day, whyche causyd me now towrytte the schortter letter to yow at thys tyme bycause off su(m)me payne in my hed; wyschyng myselfe (specially an evenyng) in my swethart harmys, whose prety dukkys I trust shortly to cusse, wryttyn w(y)t(h) the hand off hym that was, is, and shal be yours by hys wyll –
H.R.

ÜBERSETZUNG
Mein süßer Schatz, dieser Brief soll dir etwas von der großen Einsamkeit zeigen, die ich hier empfinde, seitdem du weggegangen bist. Ich versichere dir, mir erscheint die Zeit seit deinem letzten Abschied länger als sonst zwei Wochen. Ich glaube, das resultiert aus deiner Freundlichkeit und der Inbrunst meiner Liebe, denn anders hielte ich es nicht für möglich, dass eine so kurze Weile mich so zu betrüben vermag; aber jetzt, wo ich dir wieder näher komme, scheint mir meine Pein um die Hälfte leichter zu sein, und ich bin zufrieden, insofern sich das Buch über meine Angelegenheit wesentlich entwickelt, ich habe heute gut IV Stunden daran schreibend verbracht, was mich nun veranlasste, dir den kleinen Brief zu schreiben, da ich etwas Kopfschmerzen habe und mich (besonders am Abend) in die Arme meines Lieblings wünsche, dessen hübsche Entchen ich bald wieder zu küssen hoffe. Geschrieben mit der Hand dessen, der dein war, ist und sein wird durch seinen Willen
H(enricus) R(ex)

S 43

König Heinrich VIII. an Anne Boleyn, Juli 1528. Siebzehn Briefe von Heinrich an Anne existieren. Sie fallen überwiegend in die Zeit, als sie sich weigerte, die Beziehung fortzusetzen, weil er noch mit Katharina von Aragon verheiratet war. Heinrich verliebte sich 1526 in Anne (hatte aber vermutlich auch ein Verhältnis mit ihrer Schwester Mary). Teils aus Liebe zu Anne, teils aus politischen Gründen strebte Heinrich die Annullierung seiner Ehe an, ein Schritt, der England von der katholischen Kirche trennte. Als Boleyn nach drei Ehejahren immer noch keinen Sohn geboren hatte – Heinrich wünschte sich verzweifelt einen – ließ er sie wegen Ehebruch, Inzest und Hochverrat enthaupten. Damals war Heinrich schon in Jane Seymour verliebt, die seine dritte Frau wurde. Seymour starb im Kindbett, schenkte Heinrich aber einen Sohn, Edward VI., der nach Heinrichs Tod 1547 kurz regierte. Was man Boleyn vorgeworfen hatte, entbehrte jeder Grundlage; ihre Tochter wurde die spätere Königin Elizabeth I.

Das von Heinrich in seinem Brief erwähnte Buch ist ein Scheidungstraktat, das Heinrich verfasste, um zu beweisen, dass seine Ehe mit Katharina, der Witwe seines Bruders, Gottes Geboten widerspreche und ungültig sei. »IIII« schrieb man im 16. Jahrhundert für die römische Ziffer IV, Heinrich hatte bereits vier Stunden an seiner Abhandlung gearbeitet. »Dukkys« (Entchen) ist ein Ausdruck für Brüste.

Quelle: VAT 3731-A, Brief 15, Biblioteca Apostolica Vaticana, Rom.

KONFESSION: VERLIEBT S. 12

Sonnabend früh

Ich bin allein und vor mir auf dem Tische
Steht zart und blaß Dein kleines Kinderbild,
Und was mir jetzt als Traum und Sehnsucht gilt
Erkenn' ich drin: Das leise träumerische
Verlorne Lächeln, in der Bogennische
Unter der Stirne wacht das Auge mild
Und sucht schon damals weit hinaus ins Leben
Und hat schon hundert Gnaden zu vergeben!

ich liebe dieses Bildchen sehr. Es ist viel mehr von
Dir drin, als in dem letzten von Elvira. Dieses
Reine, Einfache in den Zügen, dieses dunkle
Suchen des Auges, das in jedem Moment geheilt
wird durch das lächelnde Gefundenhaben Deiner
Lippen, das ist nicht in dem Neuen. Und doch ist es
eines von Deinen größten Wundern: Deine Augen
finden ein Räthsel und ruhen eine Weile schattig,
wie mit ausgebreiteten Flügeln darüber. Und plötzlich erwacht, noch ohne daß Deine sinnenden
Augen es ahnen, ein Lächeln und blüht um Deinen
Mund, rankt sich über die Wangen und steckt auch
die dunklen Augen an, daß sie aufflammen in heißer
Erlösung. Und dann wächst der Schimmer dieses
Lächelns über Dich hinaus und umfließt Deine
Gestalt wie eine Verklärung. Und das ist nicht in
dem neuen Bild. Dort bist Du so wie der Puck Dich
sieht. – Du, wenn es ein Bild von Dir gäbe, das ganz
ist wie Du, alle Kinder, die dran vorübergingen, blieben knieen davor. Und ich käme unter die Kinder
und kniete mich mitten unter sie. Liebe, Du.
Komm doch nur schon zurück. Das war so traurig,
als meinem »Gute Nacht« keine Antwort kam. Im
Einschlafen sagte ichs noch ein paar Mal laut – und
wartete... wartete...
Heute regnet es. Wohl auch über Kufstein und
Puschkin.

S 44

Am 17. Juli 1897 schrieb der Dichter Rainer Maria Rilke aus Wolfratshausen an Lou Andreas-Salomé, die gerade in Kufstein weilte. Der 1875 in Prag geborene Rilke kam 1896 als Student nach München, wo er im Mai 1897 Lou Andreas-Salomé kennen lernte. Die 36-Jährige war zu diesem Zeitpunkt durch ihre philosophischen Schriften und Romane bereits berühmt geworden und mit dem Orientalisten Friedrich Karl Andreas verheiratet. Noch 1897 übersiedelte Rilke nach Berlin, wo er mit Professor Andreas und Lou Salomé als Hausfreund Umgang pflegte, 1899 bereiste er mit beiden Rußland, 1900 folgte eine zweite Rußlandfahrt nur mit Salomé, während der Rilke einen Zusammenbruch erlitt. Lou war für Rilke nicht nur die Freundin, sondern auch eine emanzipierte geistige Partnerin. Sie brachte ihn dazu sich mit Nietzsche und Sigmund Freud zu beschäftigen, bei dem sie in Wien studiert hatte. Zeitlebens lehnte Lou Andreas-Salomé allerdings ab Rilke zu analysieren. Sie blieb bis zu seinem Tod eine seiner wichtigsten Bezugspersonen und seine Briefpartnerin. Durch ihre Vermittlung lernte der Dichter die Worpsweder Künstlerkolonie und Clara Westhoff kennen, die er 1901 heiratete, aber schon 1902 wieder verließ.

Das im Brief erwähnte Foto-Atelier Elvira in München wurde als Muster der Jugendstil-Architektur berühmt. Dort arbeitete Puck, die feministische Fotografin Sophia Goudstikker.

Quelle: Lou Andreas-Salomé-Archiv, Göttingen.

EMOTIONALER QUOTIENT:
BERAUSCHT S. 14

Mein liebes, liebes einziges Mädchen,
schon über vierundzwanzig Stunden von Dir, nachdem ich vorher so oft nach einer Minute geizte. Wie

soll das werden! Ich bin durch und durch voll
Wehmuth und Thränen, und kann mich über nichts
freuen, über nichts, nichts! Du bist mir zu lieb geworden, das empfinde ich wohl, Du feinstes, liebes Kind!
Wie soll ich mich sobald an die Trennung von Dir
gewöhnen, wie könnte es mir möglich sein, Dich zu
missen! Du bist ein Stück von mir geworden und ich
fühle in allen meinen Gliedern eine Verstümmelung,
wenn Du mir fehlst. Ach, wenn Du nur halb meine
Wehmuth theiltest, so wärest Du ganz Liebe und
Andenken an mich. Ich habe noch viel geweint, – sag,
warst Du mir bös, über den Brief, den ich Dir noch so
spät zukommen ließ? O, ich wär' noch bald selbst zu
Dir gekommen, aber dann wär' ich bei Dir geblieben, –
das wußte ich wohl – und hätte Reise und Alles aufge-
geben. Ach, wer beschreibt meinen einsamen Zustand!
Ja, meine Minna, ich liebe Dich, und bin dabei ein
wenig eitel, sieh, ich bilde mir nun ein, ich hätte Dir
Leben und Seele eingehaucht, die Du früher nicht hattest, oder die ich wenigstens nicht bei Dir kannte; ich
glaubte auch oft, Du liebtest mich doch nicht, aber ich
glaube es jetzt, ja, als ich Dir den letzten Kuß gab, da
drang all' Deine Liebe doppelt und tausendfach in
mich! O mein Leben, vergiß mich nie, verrathe mich
nie, halte treu an mir, – bleib meine Minna, und wenn
Du je Liebe empfindest, so wende alles mir ganz zu
und laß mich nie mit jemand theilen, Du hast ja selbst
mein ganzes Herz! Hörst Du, Hörst Du? Verrathe
mich nie! – Du kannst nicht glauben, mit welch'
schmerzlichem Gefühl ich auf Euch alle zurückblick-
te; tief in meine Seele geht mir's, Euch in diesen jäm-
merlichen entwürdigenden Verhältnissen zu wissen;
ich will mir alle Mühe geben, um etwas für die Haas
zu thun, Du hast ja meinen Wunsch refüsiert, etwas
für Dich zu thun. Fort müsst ihr von dort, das ist klar!
Ich hasse jetzt Leipzig und Magdeburg und Alles, –
nur Dich liebe ich, o komm' bald hierher, daß ich Dich
sehe u. mich überzeuge, ob Du mich noch liebst.
Schreib' mir umgehend, ob Du mich liebst, ob Du an
mich denkst. Schreib, Schreib! und stärke mich, mein
Engel! Bald mehr! Bald mehr! Adieu! Adieu! Gedenke
mein, gedenke Deines Richards
Reichels Garten, Hintergebäude,

pro Adr. Rosalie Wagner

Der deutsche Komponist Richard Wagner am 6. Mai 1835 aus Leipzig an die Schauspielerin Minna Planer in Magdeburg. Im Sommer 1834 wurde Wagner Musikdirektor bei Bethmanns Theater in Magdeburg. Als er sich dort ein Zimmer mietete, lernte er seine Kollegin und Nachbarin Minna Planer kennen. In seiner Autobiographie lobt er ihr »sehr anmutiges und frisches Äußeres« und ihren »königlich ruhigen Anstand«. Er glaubte in ihr die »Fee Amorosa« zu erkennen. Trotz mancher Zwistigkeiten heirateten die beiden im November 1836. Glück und Streit wechselten einander in dieser Beziehung ab. Einmal verließ Minna den stets eifersüchtigen Gatten sogar, während er sich anderen Frauen zuwandte. Wie viele Zeitgenossen verstand Minna Wagners musikalische Entwicklung nicht. In seiner Privatmythologie wurde sie laut Hans Mayer zur dämonischen »Frau Venus«, die ihn in »Tannhäuser« gefangen hält, bis er seine geistige Retterin »Elisabeth« traf – die Kaufmannsgattin Mathilde Wesendonck. Bald inspirierte ihn Mathilde zur »Isolde«, seiner Tristan-Oper. Neben Isolde konnte es keine andere Frau mehr geben. Im Streit trennte sich Wagner von Minna, die inzwischen schwer herzkrank war. Einer Freundin schrieb sie anlässlich ihrer Silberhochzeit: »Könnte ich diese 25 Jahre aus meinem Leben streichen, dann vielleicht würde ich wieder lustig.« Minna starb 1866, Richard fand in der Ehe mit der geschiedenen Cosima von Bülow, geborene Liszt, das Glück, das er herbeisehnte.

Quelle: Richard-Wagner-Stiftung, Bayreuth.

STERNZEICHEN: VENUS LASZIV S. 18

Montag

Ja, du bist ein flinkes Tier – zweifelsohne, was allerdings deine Luftsprünge zur Ergötzung betrifft, immer, in der Ebury Street zum Beispiel um 4 Uhr früh, da bin ich nicht so sicher. Böses, gottloses Biest! Mit Austern Sport treiben zu wollen – lethargischen süßen lippenförmigen Austern, unzüchtigen lasziven Austern, sesshaften kalten Austern, das zu wollen, sag ich. Deine Auster war am Telefon aufgelöst in Tränen und flehte Clive an, zurück zu ihr zu kommen – das ist die ganze Treue, die in Austern ist. Doch wozu bin ich zurückgekommen? Eine Nachricht von Dadie, und er kommt in der nächsten Minute, und ich bin allein, und Leonard fährt Auto, und wir können 2 oder 3 Stunden Tête-à-tête haben – ich und Dadie. Hah Hah! Böses, gottloses Biest!
Gleichzeitig gab es da die Muscheln, die Krabbe: das Bett; das Holzfeuer: Alles soll dir als Verdienst angerechnet werden. Ich bin eine faire Frau. Sei du nur ein vorsichtiger Delfin mit deinen Luftsprüngen, sonst findest du Virginias weiche Spalten voller Widerhaken. Du wirst zugeben, dass ich rätselhaft bin – du erfasst mich jetzt nicht – Wer weiß, was – doch hier kommt Dadie:
Süße, könntest du daran denken, meinen Regenmantel (rosarot) und meine Handschuhe (scharlachrot) mitzubringen. Ich warf sie wohl in der Halle weg. Ich halte den Dienstag, der wunderbarerweise frei ist, zu jedem Zweck fest, den du magst.
Tray und ich stimmten leidliche Hymnen und Choräle und Loblieder auf Vita und Harold an. Die Hügel von Kent waren eine dürftige Kulisse für deinen Glanz. (Satz durchgestrichen.) Das ist etwas sehr Interessantes.
Nur einen Vorbehalt gebe ich an – über Betten in der Ebury Street: und verlorene Ohrringe.
Deine Virginia
Der bleiche, teiggesichtige, kuchenkluge Shanks, dein Bruder im Orden von Hawthornden, nennt mich »eine unehrliche Schreiberin« – da siehst du, du hast Edith, ich habe Shanks.

Die englische Schriftstellerin Virginia Woolf an ihre Kollegin Vita Sackville-West, 4. Juli 1927. Virginia war seit 1912 mit Leonard Woolf verheiratet. Ihr Londoner Haus war ein Treffpunkt der Bloomsbury Group, zu der E. M. Forster, Lytton Strachey und Maynard Keynes zählten. Berühmt wurde Virginia durch Romane wie »Mrs. Dalloway« und »Orlando«. – Die Aristokratin Vita und ihren Gatten Sir Harold Nicolson verband seit der Heirat 1913 eine herzliche und sehr offene Beziehung: jeder der beiden erlaubte sich männliche und weibliche Liebhaber. Vita hatte bereits eine Affäre, die ihre Ehe ernsthaft gefährdete, mit Violet Keppel (Lushka genannt), der Tochter von Edwards VII. Geliebter, hinter sich. Mit ihr brannte sie des Öfteren durch, wobei sie die Rolle des »Julian« übernahm. Vitas Romane, »Erloschenes Feuer« oder »Eine Frau von vierzig Jahren«, blieben literarisch konventionell. – Virginia, von großem Intellekt, aber schwacher physischer Konstitution, wurde von der lebhaften, charismatischen Vita im Sturm überrannt. Ihre leidenschaftliche Romanze währte drei Jahre. Die beiden schrieben einander häufig, da Vita oft Nicolson auf diplomatischen Reisen begleitete. Virginia, die stets an Depressionen litt, ertränkte sich 1941. Vita wurde Jahre danach durch die von ihr gestalteten Gartenanlagen und -Bücher berühmt.

Zum Verständnis von Woolfs Brief sind folgende Erläuterungen nötig: Dadie, der Dichter George Rylands, arbeitete mit Virginia und Leonard Woolf in deren Verlag »Hogarth Press«. Tray war Ramond Mortimer, ein Gast in Vitas Haus Long Barn. Clive Bell war Virginias Schwager. Edward Shanks, ein Schriftsteller, gewann den Hawthornden-Preis. Die Kritikerin Edith Sitwell hatte Vitas »Das Land« in mehreren Artikeln besprochen.

Quelle: Henry W. and Albert A. Berg Collection, The New York Public Library, Astor, Lennox and Tilden Foundations.

CHARMEFAKTOR: HINREISSEND S. 23

1. März 1801, 9 Uhr

Nun, meine geliebte Frau, denn das bist du in meinen Augen und vor dem Antlitz des Himmels, kann ich meinen Gefühlen freien Lauf lassen, denn ich weiß, Oliver wird diesen Brief treu überbringen. Du weißt, liebste Emma, dass es nichts auf der Welt gibt, was ich nicht tun würde, damit wir zusammenleben und unser liebes kleines Kind bei uns haben können. Ich glaube fest, dass diese Aktion uns Frieden bringen wird, und dann machen wir uns nach Bronte auf den Weg, in 12 Stunden haben wir das Meer hinter uns gelassen und sind befreit von allem Unsinn der Freunde, oder besser angeblicher Freunde. Nichts außer einem Unfall, der ihm zustößt, könnte meine Abreise verhindern, und ich bin sicher, das denkst du auch, denn wenn sich die Dinge nicht fügen, würde es 100 Gerüchte und Verleumdungen geben, falls ich mich von ihr trenne (was ich mit Vergnügen in dem Augenblick täte, wo wir vereint sein können; ich will sie nicht mehr sehen), und wir müssen irgendwie zurechtkommen, bis wir dieses Land verlassen können, oder dein Onkel stirbt. Ich liebe dich, ich habe nie eine andere geliebt. Ich hatte nie ein teureres Liebesversprechen, bis du mir deines gabst, und du, dem Herrn sei Dank, gabst nie jemand anderem eines. Ich schätze, bevor der März vorbei ist, siehst du uns zurückkommen oder wir sind so siegreich, dass wir auf einen ruhmreichen Ausgang unserer Mühen zählen können. Denk einmal, was meine Emma fühlen wird, wenn sie ihren Nelson, der sie liebt, heil zurückkehren sieht, vielleicht noch ein wenig berühmter. Nie, wenn ich es irgend einrichten kann, will ich anderswo als auf dem Schiff essen und nur wenn die Pflicht ruft, an Land gehen. Sir Hyde soll alle Ehre bekommen, die er erjagen kann – ich beneide ihn nicht. Du, meine geliebte Emma, und mein Land, ihr seid die beiden wertvollsten Dinge für mein zärtliches Herz – ein Herz, das empfindlich und treu ist. Hab nur Vertrauen zu mir und du wirst nie enttäuscht sein. Ich verbrenne all deine lieben Briefe, weil das besser für dich ist, und ich wünsche mir, du würdest all meine verbrennen, sie nützen uns nichts und werden uns beiden schaden, wenn sie entdeckt werden, und wenn auch nur einer davon bekannt wird, würden wir in aller Munde sein, früher als wir es beabsichtigen. Wie du dir vorstellen kannst, habe ich Sehnsucht nach dir und den Gesprächen mit dir. Was für Gefühle ich habe bei der Vorstellung, mit dir zu schlafen! mich entzündet schon der Gedanke, umso mehr würde es die Realität tun. Ich bin sicher, meine Liebe & Begehren gehören ganz dir, und käme eine nackte Frau zu mir, in einem Moment, wo ich gerade an dich denke, dann würde sie hoffentlich verdorren, wenn ich sie mit meiner Hand berührte. Nein, mein Herz, die Person und der Verstand sind in vollkommener Einheit mit der Liebe zu meinem Schatz, geliebte Emma – ihr wahrer Busen-Freund, ganz ihrer, ganz Emmas, & etc.
Oliver ist schlafen gegangen, er ist halb verrückt. Ich werde ihm am Morgen 10 Pfund geben, und ich habe für seinen Freund ein Empfehlungsschreiben

an den Vorsitzenden der Ostindien-Kompanie geschrieben, wovon er sagte, es würde dich freuen, wenn ichs täte. Ich hab nichts, was ich meiner Emma schenken könnte, es macht mich traurig, dass du & Sir Wim nicht nach Yarmouth kommen könnt, das wäre schön, aber wir werden dort auf keinen Fall länger als eine Woche sein. Ich bekam heute einen Brief von Reverend Mr. Holden, den wir auf dem Kontinent trafen; er lässt dir und Sir William seine besten Empfehlungen ausrichten: Er sandte mir die Buchstaben meines Namens und empfahl sie mir als mein Motto – Honor est a Nilo – Horatio Nelson. Der Himmel segne dich, du meine Liebe, mein geliebter Engel, mein vom Himmel geschenktes Weib, das liebste, einzig treue Weib allein bis in den Tod, & etc.

Ich weiß, du wirst nie diesen Kerl oder sonst einen an dich heranlassen.

Montag früh. – Oliver geht eben an Land; es wird noch lange dauern, bis Nelson landet, um zu seiner Emma zu fliegen, um für immer bei ihr zu sein.

Lass uns diese Hoffnung aufrecht halten unter den gegenwärtigen Schwierigkeiten. Küsse und segne unsere liebe Horatia – denk daran.

Der englische Admiral Nelson an Emma Hamilton, 1. März 1801. Emma wurde 1761 geboren und wuchs in Wales auf. Sie stammte aus ärmlichen Verhältnissen. Zunächst nahm sich Sir Harry Fetherstonhaughs der jungen attraktiven Frau an, danach geriet sie unter den »Schutz« Charles Grevilles, den sie leidenschaftlich liebte. Er schob sie jedoch seinem Onkel Sir William Hamilton zu, der Emma 1791 heiratete, trotz der erheblichen Unterschiede in Alter, Herkunft und Bildung. Sie lebte mit Sir William in Neapel, wo sie Nelson begegnete, dem gefeierten Helden. Von 1798 an durchlebten die beiden eine wilde Affäre. Emma brachte Nelsons Tochte Horatia zur Welt. In dieser Phase schrieb ihr Nelson unter dem Decknamen »John Thomson«. Thomson war ein Mitglied seiner Besatzung, Adressatin offiziell Mrs. Thomson, eine Angestellte Emmas. »Mr. Thomson« verfasste besorgte Briefe wegen der bevorstehenden Niederkunft seiner Frau und zeigte große Freude über die Geburt des Kindes. Gleichzeitig führten Admiral Nelson und Lady Hamilton eine offizielle und höfliche Korrespondenz. Der tolerante Sir William blieb bei seiner guten Meinung über Nelson und teilte sogar einige Zeit sein Haus mit dem Paar. Auch Nelson hatte Sir William ins Herz geschlossen. Seine in Briefen dokumentierten Eifersuchtsanfälle galten dem Prince of Wales, einem Frauenhelden, der Emma bedrängte. Nelson kam 1805 in der Schlacht von Trafalgar ums Leben. Emma starb 1815 verarmt in Calais.

Für seine Briefe an Emma ließ Nelson Siegel mit ihrem Bildnis anfertigen. Sie wird im Stil griechischer Göttinnen dargestellt, vermutlich in Anlehnung an ihre Auftritte bei Festen. Dabei inszenierte sie »lebende Bilder« aus dem Leben mythischer Heldinnen. Diese Kunstform war um 1800 ein beliebtes Gesellschaftsspiel. Die späteren Siegel verraten interessanterweise auch, dass Emma fülliger wurde.

Der Im Brief erwähnte Francis Oliver war Nelsons Sekretär, mit dem sich Emma 1809 zerstritt. Das lateinische Motto »Honor est a Nilo« – »Ruhm ist Nichts« – drückt Nelsons Bescheidenheit aus.

Quelle: fMS Lowell 10, The Houghton Library, Handschriftenabteilung der Harvard-Universität.

SCHÄTZWERT: UNBEZAHLBAR S. 26

Oeffnen Sie, dann aber schicken Sie mir diese Zeilen zurück. Thun Sie es um meiner Ruhe willen.

(Zusatz von Schumann:)
Leipzig Am 26ten September 1837
gelesen unter tausend Freuden

Zweifeln Sie noch an mir? ich verzeih' es Ihnen, bin ich doch ein schwaches Mädchen! ja schwach? aber eine starke Seele hab ich – ein Herz das fest und unveränderlich ist. Dieß sey Ihnen genug, um jeden Zweifel zu unterdrücken.

Sprechen können wir uns nicht allein, so sehr ich diesen Wunsch mit mir herumtrage. Bedenken Sie, wenn Vater das erführe, so wär Alles wieder aus und ich – könnt ich das ertragen? Sein Sie um Gotteswillen vorsichtig mit dem Ring und überhaupt gegen Stegmayer/ die Vogt/ und Jeden verschwiegen D. Reuter ausgenommen, dem ich ganz vertraue. Meine Angst ist oft sehr groß. Kann ich bauen auf Ihre Vorsicht? und werden Sie fest genug sein allen Wünschen des Vaters entgegen zu kommen? Er ist etwas hart, das ist wahr, aber ich glaube, wir werden es ihm beide einmal danken. Bis jetzt war ich immer sehr unglücklich, doch schreiben Sie mir ein Wort der Beruhigung unter diese Zeilen und ich werde (ruhig) sorglos in die weite Welt hinausgehen. Vater habe ich versprochen, heiter zu sein und noch einige Jahre der Kunst und der Welt zu leben. So manches werden Sie von mir hören, mancher Zweifel wird sich bei Ihnen regen, wenn Sie Dieß oder Jenes erfahren, doch dann denken Sie – Alles das thut sie ja für mich! Könnten Sie jemals wanken? nun – so hätten Sie ein Herz gebrochen, das nur einmal liebte.
Clara

Die Pianistin Clara Wieck kurz nach ihrem 18. Geburtstag an den Komponisten Robert Schumann. Als der Jurastudent Schumann 1828 die neunjährige Clara spielen hörte, gab er seiner Liebe zur Musik nach und wurde Schüler ihres Vaters. Schumann und Clara gestanden einander 1835 ihre Liebe. Als er Wieck um ihre Hand bat, wies der ihn brutal ab. »Er stößt einem das Messer mit dem Griff ins Herz«, schrieb er Clara. Sie verehrte den Vater und ließ sich zunächst den Kontakt mit Schumann verbieten, hielt aber treu zum Geliebten. Heimlich schrieb sie ihm Briefe, öffentlich spielte sie seine Werke, etwa die C-Dur-Fantasie op. 17, von der Schumann bekannte: »Es ist nur ein einziger Liebesschrei nach Dir.« 1839 rebellierte das Paar gegen den unnachgiebigen Vater. Sie zogen vor Gericht, um die Heirat gegen Wiecks Verbot durchzusetzen, Clara ging allein auf Tournee. Vater Wieck verleumdete Schumann als Alkoholiker und appellierte an den König von Preußen, Claras Auftritt in Berlin zu untersagen. Der König selbst kam zum Konzert: Die Welt stand den Liebenden bei. Auch das Gericht entschied zu ihren Gunsten. 1840 konnten sie heiraten. Sie führten eine für die damalige Zeit ungewöhnliche Ehe, weil Clara auch als Mutter noch auf Tournee ging. Die dauernden Geldsorgen machten ihr zusätzliches Einkommen notwendig. Robert fühlte sich in der Rolle des Hausmanns allerdings nicht wohl. Er war bereits als Student manchmal depressiv gewesen, 1854 unternahm er im Wahn einen Selbstmordversuch und wurde in ein Sanatorium bei Bonn gebracht. Clara erwartete zu diesem Zeitpunkt gerade das achte Kind. Es lernte seinen Vater nie kennen. Robert starb 1856. Auch nach dem Tod Roberts gab Clara Schumann, unterstützt von dem jungen Johannes Brahms, den sie unglücklich liebte, zahlreiche Konzerte und erlebte neue Triumphe.

Der im Brief erwähnte Komponist Ferdinand Stegmayer, die Musikliebhaberin Henriette Voigt und der Arzt Dr. Moritz Reuter zählten zu Wiecks und Schumanns Leipziger Bekanntenkreis. »In die weite Welt« musste Clara auf Drängen des Vaters. Nachdem er ihre Liebe zu Schumann entdeckt hatte, schickte er sie auf Tournee bis nach Paris.

Quelle: Staatsbibliothek zu Berlin – Preußischer Kulturbesitz, Musikabteilung mit Mendelssohn Archiv.

COPYRIGHT: EXKLUSIV S. 32

Muschi, süsses,

nun sage ich Dir doch das, was den Inhalt dieses Briefes bilden sollte. Und übergehe das Missverständnis, das zwischen uns lag, mit Schweigen, weil Schweigen Dir am besten sagt, wie mich Dein Gesicht beim Abschied auseinander gerissen hat. Müdigkeit? O nein! Aber der Anlass ist zu wichtig, um davon zu reden – u. meine Empfindung für Dich zu gigantisch, als dass irgend ein Vorgang des Alltags in ihrer Nähe sich behaupten könnte. Es soll nichts Kleines zwischen uns sein, – weil ein Leben schon nicht ausreicht, um das Grosse, das zwischen zwei Menschen ist, zu erschöpfen. Und was ich Dir sagen möchte, war dies: dass ich nichts sehnlicher wünsche, als zu Dir unendlich gut sein zu dürfen. Ich weiss, dass das Hässliche aus Deinem Leben verschwinden muss, damit Du wieder glauben kannst, dass es nur durch eine sehr gütige Hand weggewischt werden kann. Ich weiss auch, dass niemand so wie ich das besitzt, was Du ersehnst, weil tausend Jahrzehnte u. 25 Jahre an mir geschaffen haben. Ich möchte das, was ich bin, an Dich verschwenden. Denn ich habe nichts. Ist es Liebe? Ist es Güte? Ich weiss es nicht. Aber Du solltest es nehmen, mit beiden Händen. Es ist kein Geschenk von mir, denn es lebt nur für Dich; aber es könnte Dein Geschenk an die Menschen werden. Es ist ja unabhängig von Raum, Zeit, Körper. Du musst nur wissen u. fest glauben, dass es da ist – dann besitzt Du es schon. Willst Du?

Und verstehst Du, wie es schmerzt, wenn jemand »Tschumpel« zu mir sagt u. dabei Dich ansieht, als käme dies Wort von Dir; u. dass ich nachher staunend und hilflos werde, wenn Du mich um das Kleinste, Leichteste bittest? Ich bin nicht gutmütig, ich war immer ein Grobian und missbeliebt, u. dass ich nicht »gut« bin, weißt Du. Aber es soll jemand da sein, bei dem ich mich ausgeben kann, sonst ersticke ich an meiner Lebensbejahung. Du bist ein Herrliches, an das mein Glaube sich klammert. Dass Du lebst – ist Genuss. Und dass Du mich lieben könntest – ist unfassbar. Und dass ich Dich lieben darf – Seligkeit genug.

Sehr der Deine.

Appelheim.

Der Komponist Kurt Weill aus Berlin an die Schauspielerin Lotte Lenya in Grünheide. Beide standen am Anfang ihrer Laufbahn. Weill arbeitete mit dem erfolgreichen Dramatiker Georg Kaiser an der Oper »Der Protagonist«. Bei einer Einladung in Kaisers Landhaus, das in Grünheide war, traf Kurt Weill die Frau wieder, die ihn bereits 2 Jahre zuvor bei den Proben zu dem Ballett »Die Zaubernacht« fasziniert hatte: die Wiener Kutscherstochter Karoline Blamauer, die trotz ihres klangvollen Künstlernamens Lotte Lenya ohne Engagement war. Ihre aparte Erscheinung und ihr Kunstverständnis zogen ihn an – sie war von seiner Sanftheit und seinem Genie fasziniert. Am 28. Januar 1926 gaben sie sich im Rathaus Charlottenburg das Jawort und bezogen zwei Zimmer in einer Pension, die sie wegen der schwarzen Möbel »Grieneisen« nannten. Als Weill 1950 starb, betreute Lenya seinen Nachlass. Die vitale Frau heiratete noch dreimal, jedes Mal Künstler, die zwanzig oder dreißig Jahre jünger waren und dennoch vor ihr starben.

Weill war am 2. März 1925 25 Jahre alt geworden, insofern

dürfte der undatierte Brief aus diesem Jahr stammen. – Tschumpel bedeutet Narr.

GÜLTIGKEIT: EWIG S. 40

Nachts um 11 Uhr

Nein! ich will nicht länger mein Herz dem redlichsten besten Freund verhelen, eben so stark, und wann es möglich ist, noch stärker, liebe ich Sie, wie Sie mich lieben, wie freue ich mich, daß Sie mein ehrliches gutes Herz kennen, o wie ganz in einer Minute haben sich unsere Seelen gekant, was ich an dem glücklichen Sonntag empfunden, und von Tage zu Tage mehr empfunden, kan ich nicht sagen, es ist mir alles neu, dies, dies ist allein die wahre himmlische Freundschaft; vergeßen Sie mein wunderliches Mistrauen? guter liebenswürdiger Freund, es muss Ihr rechtschaffnes Herz beleidigt haben, aber dencken Sie auch, wie viel sich ein armes Kind zutrauen darf, das seine Schwäche so gut kennt. loben Sie mich nicht, mein lieber, ich bin froh, ich bin glücklich daß unsre Herzen sich kennen. Könnten Sie doch diesen Augenblick bey mir seyn, und das gerührte Herz das nur vor Sie gemacht ist sehen, ganz, ganz haben Sie meine Erwartung übertrofen; darf ich jemals an eine ewige himmlische Freundschaft und Zärtlichkeit unter uns gedencken, ist das nicht zu viel vor ein armes kind, o ich darf diese göttliche Scene nicht denken, werden Sie dann mein Schutz Engel seyn?, allerliebster, Sie haben es mir den vermeinten fürchterlichen Abschieds Abend versprochen, dann kan ich nichts niedres, nichts unedles thun, Ihr Geist ist bey mir. Schreiben Sie mir oft süßer, feuriger Freund, so oft Sie an Herrn Merck schreiben, daß ich nur Ihre Abweßenheit ertragen kan, ich werde niemand Ihre Briefe zeigen. – eben fällt mir Klopstock und seine Meta ein, glauben Sie daß ich wie eine Meta Sie liebe? Freylich fehlt mir zu einer Klopstockin noch viel, aber hierinn nichts mehr. o göttliche, Sympathische Freundschaft, wie glücklich machst du! machen Sie sich recht glücklich und ruhig, bester liebenswürdiger, die Güte Ihres redlichen Herzens, die Sie jedermann gleich mittheilen, wird Ihnen viel Freunde geben. – wann nur der morgende Tag bald vorüber geht! o schrecklicher Tag der mir meinen Freund wieder nimmt, und vielleicht auf ewig Gott! Du mußt mich starck machen: und sehen wir uns hier nicht mehr, so sehen wir einander gewis im Himmel, und dann –

dann trennt kein Schicksal mehr die Seelen, die du, Natur, einander bestimmtest.
Ich muss aufhören, ich zerfließ in Thränen, ewig bin ich
Ihre treueste

Flachsland

Guten Morgen, bester H.
Sie kommen doch heute, ja Sie kommen und lesen im Klopstock; wann nur der heutige Tag ganz unser wäre! o wie kostbar sind mir jede Augenblicke, wir gehen in den Wald wann uns jemand stören will. Die ganze Nacht war das feurige Bild meines süßen Freundes bey mir, immer war es bey mir, und ewig wirds bey mir bleiben, wie tief und mit welchen Zügen ist es in mein Herz gegraben! niemand wirds mir nehmen können. Kommen Sie empfindsame Seele, noch heute, heute – ach, leben Sie ewig wohl!

Caroline Flachsland am 25. und 26. August 1770 an Johann Gottfried Herder. 1755, als Flachsland fünf Jahre alt war, starb

S 47

ihr Vater, »Amtsschaffer« von Reichenweyer im Elsaß. Ihre Schwester heiratete den Geheimrat Hesse aus Darmstadt. Caroline lebte bereits mehrere Jahre bei dem Paar, als am 13. August 1770 im Gefolge des Erbprinzen von Holstein-Gottorp der Kabinettsprediger Herder eintraf. Sein Stern als Schriftsteller leuchtete schon so hell, dass Goethe seine Freundschaft als Ehre empfand, doch durfte er als Bürgerlicher nicht an der Hoftafel speisen. So kam er zu Hesses und bezauberte seine Gastgeber, besonders Caroline. Am 25. August, seinem Geburtstag, schrieb ihr Herder den ersten Liebesbrief, den sie sofort beantwortete. Da am 27. der Erbprinz abreisen wollte, gerieten beide in Bedrängnis, sodass ein Freund zu einer List griff: Johann Heinrich Merck bestellte beide zu sich in die Wohnung und ließ sie allein, damit sie sich aussprechen konnten. Von nun an betrachteten sie sich als verlobt, konnten aber erst am 2. Mai 1773 heiraten, als Herder eine bessere Position gefunden hatte. Goethe, der ihr Trauzeuge gewesen ist und die Patenschaft für den zweiten Sohn des Paars übernahm, setzte fünf Jahre später Herders Berufung nach Weimar durch.

Wie das Paar in Weimar lebte und mit Differenzen umging, teilt Friedrich Schiller 1787 in einem Brief an Christian Gottfried Körner mit: »Herder und seine Frau leben in einer egoistischen Einsamkeit und bilden zusammen eine Art von heiliger Zweieinigkeit, von der sie jeden Erdensohn ausschließen. Aber weil beide stolz, beide heftig sind, so stößt diese Gottheit zuweilen unter sich selbst aneinander. Wenn sie also in Unfrieden geraten sind, so wohnen beide abgesondert in ihren Etagen, und Briefe laufen Treppe auf, Treppe nieder, bis sich endlich die Frau entschließt, in eigner Person in ihres Ehgemahls Zimmer zu treten, wo sie eine Stelle aus seinen Schriften rezitiert mit den Worten: »Wer das gemacht hat, muss ein Gott sein, und auf den kann niemand zürnen.«

Caroline war Herders bessere Hälfte. Sie brachte sieben Söhne und eine Tochter zur Welt, kümmerte sich um Haushalt und Finanzen und öffnete Herder mit ihrer geselligen Art manche Tür. Intellektuell war sie ihm ebenbürtig: Jeden Abend lektorierte sie, was er tagsüber geschrieben hatte. Der Dichter Gleim charakterisierte das Verhältnis zugunsten Carolines: »Wenn Caroline Herder nicht wäre, so wäre kein Johann Gottfried Herder.« Ähnlich schreibt Herder selbst am 13. August 1788 aus Nürnberg an sie: »Ich sage dir vor Gott, du bist mein größtes Glück und Gut auf Erden ... Was ich echtes Gutes habe, habe ich durch dich und an deiner Seite erlangt.« Nach Herders Tod 1803 redigierte Caroline seine Schriften. Sie starb 1809.

Der Dichter Friedrich Gottlieb Klopstock und Meta Moller, beide werden in Carolines Brief erwähnt, wurden im 18. Jahrhundert als Muster eines empfindsamen Liebespaares betrachtet. Wer auf sich hielt, las Klopstocks Werke, auch Herder zitierte sie gerne. Die Verse »dann trennt kein Schicksal (...)« stammen aus Klopstocks Ode »An Fanny«.

Quelle: GSA 44 / III, 1,1.

TEXTNACHWEIS

Es wurde alles unternommen, um die Copyright-Inhaber der hier abgedruckten Briefe zu ermitteln. Sollte uns dennoch entgegen unserer Absicht und versehentlich der eine oder andere Irrtum unterlaufen sein, bitten wir die Betroffenen, sich zu melden und uns die Korrektur sowie weitere Ausgaben zu ermöglichen. Rechtsansprüche der Copyright-Inhaber und ihrer Nachfolger bleiben gewahrt.

Wendy Cope, Briefwechsel:
Aus: Wendy Cope, Ernsthaftes Angebot, Faber & Faber Ltd. und Faber & Faber, Inc., © Wendy Cope, Übersetzung Angelika Koller.

Vita Sackville-West an Virginia Woolf, 21. Januar 1926: Aus: »Geliebtes Wesen ...«, Briefe von Vita Sackville-West an Virginia Woolf, Herausgegeben von Louise DeSalvo und Mitchell A. Leaska, Aus dem Englischen von Sibyll und Dirk Vanderbeke, © 1995 S. Fischer Verlag GmbH, Frankfurt am Main.

Anne Sexton an Alfred Sexton, 27. September 1963: Aus: Anne Sexton, Selbstporträt in Briefen, © 1977, 1991 by Linda Gray Sexton and Loring Conant, Jr., executors of the will of Anne Sexton, Für die deutsche Ausgabe: © S. Fischer Verlag GmbH, Frankfurt am Main.

Pablo Neruda an Albertina Azócar Soto, 16. September 1923: Aus: Pablo Neruda, Liebesbriefe an Albertina Rosa, Herausgegeben von Sergio Fernández Larraín, © Insel Verlag, Frankfurt am Main 1975.

Lilly Wust an Felice Schragenheim, Juni 1943, und Felice Schragenheim an Lilly Wust, 29. Juni 1943: Aus: Erica Fischer, Aimée und Jaguar, Eine Liebesgeschichte Berlin 1943, © 1994 by Verlag Kiepenheuer & Witsch, Köln.

Erich Fried, Das Herz in Wirklichkeit: Aus: Erich Fried, Als ich mich nach dir verzehrte, Gedichte von der Liebe, © 1990 Verlag Klaus Wagenbach, Berlin.

Albert Einstein an Mileva Marić, 30. August oder 6. September 1900: Aus: Albert Einstein, Mileva Marić, Am Sonntag küsse ich Dich mündlich, Die Liebesbriefe 1897-1903, Herausgegeben von Jürgen Renn und Robert Schulmann, © R. Piper GmbH & Co. KG, München 1994.

Theodor Heuss an Elly Knapp, 19. Mai 1907, und Elly Knapp an Theodor Heuss, 24. März 1908: Aus: Theodor Heuss, Elly Knapp, So bist Du mir Heimat geworden, Eine Liebesgeschichte in Briefen aus dem Anfang des Jahrhunderts, Herausgegeben von Hermann Rudolph, © 1986 Deutsche Verlags-Anstalt GmbH, Stuttgart.

George Bernard Shaw an Stella Patrick Campbell, 11. August 1913: Aus: Bernard Shaw, Briefwechsel mit seiner Freundin Stella Patrick Campell, Herausgegeben von Alan Dent, © 1960 by Rowohlt Taschenbuch Verlag GmbH, Reinbek bei Hamburg.

BILDNACHWEIS

S. 38, Collage von Mandy Pritty;
S. 5, 9, 15, 17, 21, 26, 34, 36, 39 The Fine Art Photographic Library, London;
S. 11, 13, 22, 30, 32, 35, 49 Sotheby's Picture Library, London;
S. 1, 3 Phillips International Auctioneers and Valuers, London;
S. 24 Rafael Valls Ltd., London.
Viele der Originale stammen aus der Sammlung der Herausgeberin.
Marmorierter Hintergrund auf den Seiten 11 und 16 von Alberto Valese-Ebrü, Venedig.

DANKSAGUNG

Ein besonderer Dank folgenden Personen für ihre freundliche Unterstützung bei Recherche und Gestaltung dieses Buches (in alphabetischer Reihenfolge):
Kristina Blagojevitch, Nicola Carr, Sue Daley und Joanna Ling, John und Linda Hammerbeck, June Jordan, Kate Keeler, Juliet Marks, Emma Millett, Dr. Rowlands, Anne-Marie Shurey, Karin Ter Glane, Andreas Thenhaus, Alberto Valese und Franco Cassetti von Alberto Valese-Ebrü.

Für die deutsche Ausgabe:
Hofrat Dr. Günter Brosche, Ulrich von Bülow, Arnim Eisenach, David Farneth, Günter Fischer, Dr. Joseph Gmeiner, Dr. Helmut Hell, Christine Nelson, Dorothee Pfeiffer, Wolfgang Ritschel, Elisabeth Wagner.
Bedanken möchte ich mich auch bei den Mitarbeitern des Goethe Intituts London, insbesondere bei Simone Mühlen.

EPILOG: Mit dir

MARINETTE – JEAN BERAUD

Was ich gestern an Sie geschrieben habe, las ich eben wieder durch, und es hätte nicht viel gefehlt, so hätte ich es vor Unmut zerrissen. Doch ich besann mich wieder anders und dachte: Soll denn der Brief mehr sein als sein Verfasser? Was war und bin ich selbst anders Ihnen als ein flüchtiger, ganz kurzer, noch dazu an vielen Stellen kaum leserlich geschriebener Brief, den Sie einmal zufällig, ohne selbst zu wissen, wie Sie dazu gekommen sind, und ohne sogar die Hand zu kennen, in der mit Billet-doux und fremden Manuskripten aller Art reichlich gefüllten Brieftasche Ihres Herzens gefunden haben? ... Dass mich einige Zeilen von Ihrer Hand außerordentlich erfreuen würden, brauche ich wohl nicht zu sagen. Aber binden Sie sich durchaus nicht daran. Leben Sie nur dem Genusse Ihrer in jeder Art schönen Umgebung! Auch nicht einen Augenblick möchte ich Sie diesem entziehen.

Der deutsche Philosoph Ludwig Feuerbach am 8. April 1834 an Bertha Löw, seine spätere Gattin.
Sie heirateten am 12. November 1837 und führten, trotz finanzieller Schwierigkeiten, eine glückliche Ehe.

Ich glaube an die Liebe, durch dich, in dir und mit dir. Ohne diese Liebe will ich weder Himmel noch Erde. Alle Stimmen meines Herzens und meiner Seele singen mir das Lied der Liebe, das Du träumst ... Vergessen wir nie, dass unser Weg und unser Ziel die Liebe ist ...

Der ungarische Komponist Franz Liszt am 11. März 1854 an die Fürstin Caroline von Sayn-Wittgenstein.
Sie lernten sich 1847 nach einem Konzert in Kiew kennen und lebten 13 Jahre zusammen.

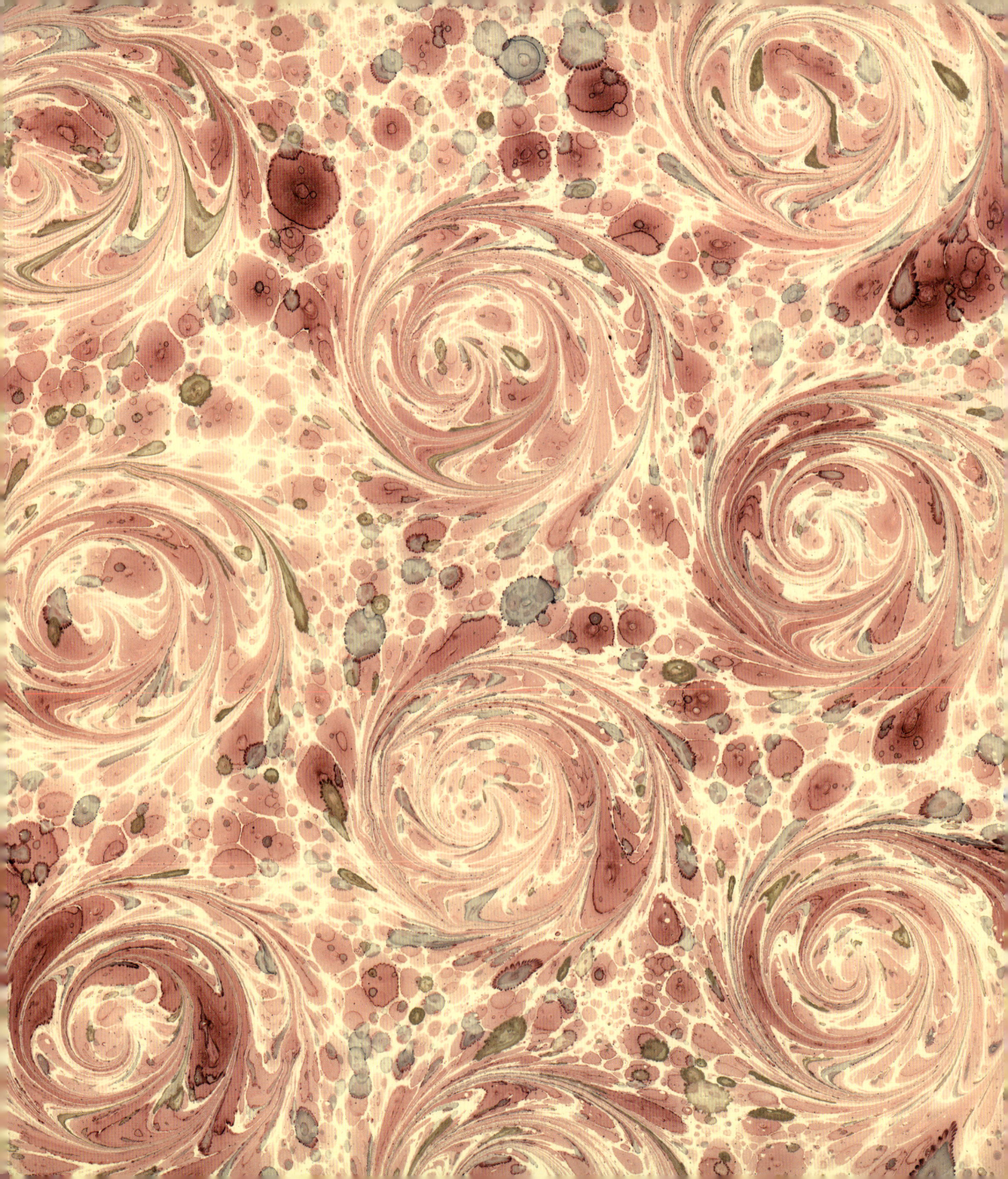